E-Book inside

Mit dem Kauf dieses Buchs erhalten Sie das zugehörige E-Book gratis. Sie können dabei aus zwei Dateiformaten wählen: EPUB (gängiges Format für E-Reader und Tablets) und PDF (für PC und Laptop). So kommen Sie an Ihr kostenloses E-Book:

Rufen Sie im Internet diese Website auf:
↗ http://www.junfermann.de/ebook-inside

Geben Sie den unten stehenden Code in das dafür vorgesehene Feld ein und klicken Sie → Code einlösen. Nach Eingabe Ihrer E-Mail-Adresse und Auswahl des E-Book-Formats erhalten Sie sofort einen Download-Link für das gewünschte E-Book an Ihre E-Mail-Adresse.

Bitte beachten Sie, dass der Code für Sie personalisiert wird und nur einmal gültig ist. Die Datei müssen Sie zunächst auf Ihrem Computer speichern, bevor Sie sie auf ein mobiles Endgerät überspielen können.

THZM7D5Z

Sue Johnson

Halt mich fest – das Arbeitsbuch für lebenslange Liebe

www.junfermann.de

planetpsy.de

blogweise.junfermann.de

www.facebook.com/junfermann

www.youtube.com/user/junfermann

www.instagram.com/junfermannverlag

SUE JOHNSON

HALT MICH FEST – DAS ARBEITSBUCH FÜR LEBENSLANGE LIEBE

Aus dem Amerikanischen von
Elisabeth Vorspohl

Junfermann Verlag
Paderborn
2023

Die Originalausgabe ist 2022 unter dem Titel
THE HOLD ME TIGHT WORKBOOK:
A Couple's Guide for a Lifetime of Love
bei Hachette Book Group, Inc., erschienen.

Übersetzung Elisabeth Vorspohl

Coverfoto © _Vilor (https://www.istockphoto.com)

Covergestaltung / Reihenentwurf JUNFERMANN Druck & Service GmbH & Co. KG, Paderborn

Lektorat Dagmar Bruns

Satz & Layout JUNFERMANN Druck & Service GmbH & Co. KG, Paderborn

Junfermann Verlag GmbH, Driburger Straße 24d,
D-33100 Paderborn, Tel.: +49 5251 1344-0,
E-Mail: infoteam@junfermann.de

Bibliografische Information der Deutschen Nationalbibliothek

Die Deutsche Nationalbibliothek verzeichnet diese Publikation in der Deutschen Nationalbibliografie; detaillierte bibliografische Daten sind im Internet über http://dnb.d-nb.de abrufbar.

ISBN 978-3-7495-0498-5
Dieses Buch erscheint parallel als E-Book.
ISBN 978-3-7495-0499-2 (EPUB), 978-3-7495-0500-5 (PDF).

PEFC
Förderung nachhaltiger Waldbewirtschaftung
PEFC/04-31-0810 www.pefc.co.uk

Inhalt

Einführung – Deine Liebe kann wieder Sinn ergeben

In der gesamten Menschheitsgeschichte galt die Liebe als ein Mysterium, als etwas Unergründliches, und daran wird sich auch nichts ändern. Unsere Kultur scheint nun den Glauben an die Lebbarkeit stabiler Liebesbeziehungen zu verlieren – vielleicht, weil die Liebe so verwirrend und unbändig ist. Ich denke jedoch, dass wir heute darin übereinstimmen werden, dass diese Gefühle durch neuartige Belastungen, wie wir sie zuvor nicht gekannt haben, verkompliziert werden, nämlich durch den Stress der Covid-19-Pandemie und ihre Folgen, eine Welt im Zustand des Wandels.

Die Zeit des Lockdowns und der allmählichen Rückkehr zur Normalität hat Beziehungen jeder Art beeinflusst. Für manche Paare war es eine Zeit des Zusammenrückens, der Neuorganisation und Wiederverbindung. Für andere bedeuteten häusliche Isolation, Ungewissheit, Home-Office und Home-Schooling eine zusätzliche Belastung ihrer ohnehin schwachen Verbindung.

Als klinische Psychologin, Paartherapeutin und Beziehungsforscherin bin ich zunehmend alarmiert und frustriert darüber, wo wir sind und wohin es uns zu treiben scheint. Ich bin seit jeher überzeugt, dass die Liebe ausgesprochen logisch und nachvollziehbar, anpassungsfähig und funktional ist. Ja, sie ist sogar veränderbar, reparierbar und von Dauer. Diese Überzeugung von der Wissenschaft der Liebe hat mich inspiriert, die Emotionsfokussierte Therapie – EFT – zu entwickeln, von der mein erstmals 2008 erschienenes Buch *Halt mich fest: Sieben Gespräche über lebenslange Liebe* handelt.

Mir ist bewusst, dass Wissenschaft das Letzte ist, woran Paare denken, deren Beziehung in massiven Schwierigkeiten steckt. Sie haben sich die Rückkehr zu einer sicheren Bindungsbeziehung wahrscheinlich anders vorgestellt. Aber um einen derzeit populären Slogan zu wiederholen: Wir müssen an die Wissenschaft glauben.

Betrachten wir die Hirnscan-Studie des Psychologen Jim Coan von der University of Virginia: Vor einer MRT-Untersuchung ihres Gehirns erklärte er seinen Patientinnen, dass sie, sobald eine kleine rote Lampe aufleuchten würde, möglicherweise, aber nicht zwingend, einen leichten elektrischen Schlag an den Füßen erhielten. Die Partner der Frauen wurden angewiesen, ihre Hand zu halten und ihnen beruhigend und liebevoll zuzusprechen, während sie den Schlag erwarteten. Coan stellte fest, dass die aufmunternden Worte und die Berührung durch ihre Partner die Gehirnreaktion der Patientinnen auf den drohenden elektrischen Schlag und den Schlag selbst vollständig veränderten. Die Patientinnen empfanden weniger Stress und fühlten weniger Schmerz.

Auf der Grundlage dieses Experiments und Hunderter weiterer ähnlicher Studien können wir sagen, dass die Bindung an einen Liebesmenschen wie ein Dämpfer auf Schmerz und Stress wirkt. Deshalb sollte die romantische Liebe gerade in Zeiten wie den unseren wichtiger denn je sein. Die Pandemie hat eine Epidemie der Einsamkeit, Angst und Depression herbeigeführt. Partnerschaften erwachsener Menschen sind heute oft die einzigen realen menschlichen Bindungen, auf die wir uns in unserer virtuellen und fieberhaft multitaskenden Welt verlassen können. Darüber hinaus scheinen wir auf vielerlei Weise geradezu aktiv gegen unser Bedürfnis nach Liebe und Verbundenheit anzukämpfen. Unsere Gesellschaft feiert die emotionale Unabhängigkeit und hält uns unablässig dazu an, uns selbst zu allererst und am meisten zu lieben. Diese zunehmende Tendenz bereitet mir Sorge, und in den letzten Jahren verspürte ich die Notwendigkeit, Paaren eine zusätzliche Ressource an die Hand geben zu müssen, die ihnen helfen kann, einander wiederzuentdecken und ihr Band zu stärken.

Darüber hinaus sehe ich mich in meiner Überzeugung bestätigt, das EFT universal hilfreich ist. Wirksamkeitsstudien haben gezeigt, dass unsere Ähnlichkeiten größer sind als die Unterschiede. Im Laufe der Jahrzehnte habe ich miterlebt, dass EFT Paaren ungeachtet ihrer ethnischen Herkunft, ihres Glaubens, ihrer sexuellen Orientierung, Geschlechtsidentität oder politischen Überzeugung helfen konnte. Paare aus aller Welt haben mich an ihren mannigfaltigen Erfahrungen und Anschauungen teilhaben lassen: als muslimische Paare in Ägypten ebenso wie als Evangelikale in den Südstaaten der USA, als weiße, schwarze, cisgender und queere Menschen. Trotz aller Unterschiede kann kein Zweifel daran bestehen, dass jeder Mensch von Natur aus menschliche Verbundenheit sucht – wir alle haben das Bedürfnis, von anderen wahrgenommen, wertgeschätzt und unterstützt zu werden. Heute mehr denn je, dies dürfen wir nicht vergessen.

Warum ein Arbeitsbuch? Warum jetzt?

Kontext, Praxis, Prozess – das sind die Wege, über die wir lernen, lehren, wachsen und uns weiterentwickeln. Ohne all dies hören wir lediglich Wörter, sind Vorlesungen nur Predigten und sind Fakten ohne dazugehörende Story schnell vergessen. In *Halt mich fest* und dem darauf folgenden Buch *Liebe macht Sinn* habe ich meine lebenslange Forschung, meine Grundsätze und Entdeckungen zusammen mit Fallberichten über Dutzende von Paaren dargelegt, deren Beziehung sich dank EFT verbessern konnte. Ich habe meine eigenen klinischen Studien, Laborexperimente und angewandten Therapien mit denen anderer Wissenschaftler kombiniert, die bewiesen haben, dass die Liebe unser fundamentaler Überlebenscode ist – eine wesentliche Aufgabe unseres Säugetiergehirns, die uns veranlasst, andere Menschen zu lesen und auf sie zu reagieren. Doch genauso, wie ein Physiotherapeut Ihren schmerzenden Körper anfassen und untersuchen muss, um die Ursache Ihres Leidens zu finden, kann auch EFT einem verzweifelten Paar nur helfen, wenn die Beziehung berührt und beeinflusst, geprüft und erlebt werden kann. Dieses Arbeitsbuch beruht auf meinem Buch *Halt mich fest: Sieben Gespräche über lebenslange Liebe,* das in 24 Sprachen übersetzt worden ist und von dem mehr als eine Million Exemplare verkauft worden sind. Ich habe auch das auf dem Buch aufbauende *Hold me Tight©* *Relationship Education Program* entwickelt, das ebenfalls in viele Sprache übersetzt wurde und in vielen Ländern mit zahllosen unterschiedlichen Kulturen angeboten wird. Nachdem es für spezifische Gruppen, zum Beispiel christliche Paare, Familien mit Teenagern und mit erwachsenen Kindern sowie für Paare mit Herzerkrankungen adaptiert wurde, ist es nun auch in einem Online-Format verfügbar. Dieses Arbeitsbuch zeigt Ihnen, wie Sie die Hold me Tight©-Theorien auf *Ihre* spezifische Beziehung anwenden und im Alltag benutzen können. Sie selbst stellen den Kontext zur Verfügung, und ich führe Sie durch Praxis und Prozess.

Was Sie von diesem *Arbeitsbuch* erwarten dürfen

Liebesbeziehungen sind keine Handelsbeziehungen. Sie sind emotionale Bindungen, denen unser angeborenes Bedürfnis nach Sicherheit und emotionaler Zugehörigkeit zugrunde liegt. Man kann sich Mitgefühl oder Verbundenheit nicht „erhandeln". Es sind keine intellektuellen, sondern *emotionale* Reaktionen. In der Emotionsfokussierten Therapie lernen Paare, ihre emotionalen Rhythmen und Muster im Tanz romantischer Liebe zu erkennen. Bevor wir romantische Liebesbeziehungen eingehen, wird dieses biologische Bedürfnis nach emotionaler Bindung (mehr oder weniger angemessen) von unseren Eltern befriedigt. EFT beruht auf der Annahme, dass sich Bindungsbeziehungen auch zwischen erwachsenen Menschen entwickeln. Zu verstehen, welche Rolle die Bindungspartner*innen in Liebesbeziehungen spielen und welche Rolle sie dabei spielen, dass das Vertrauen, das ihre Beziehung eigentlich tragen soll, verloren geht, war ein Durchbruch.

Vergessen Sie also, wozu andere Therapien Sie anhalten – sei es, besser streiten zu lernen, die eigene Kindheit zu analysieren, großartige romantische Inszenierungen zu veranstalten oder mit neuen Positionen beim Sex zu experimentieren. Stattdessen geht es darum, anzuerkennen und zuzugeben, dass Sie an Ihre*n Partner*in emotional ganz ähnlich gebunden und von ihr / ihm abhängig sind wie ein Kind, das auf den Trost und den Schutz seiner Eltern angewiesen ist. Partner*innen müssen einander ihre Verletzlichkeit und Bedürfnisse auf eine positive Weise benennen und zeigen, die zu verbindenden Momenten führt. Dies gilt insbesondere, da Ihr*e Partner*in genau diese Verletzlichkeiten triggern wird – wir alle haben Angst vor Ablehnung und Zurückweisung. Ein erfolgreiches Paar muss lernen, wie es mit diesen Empfindlichkeiten konstruktiv umgehen und Vertrauen und Intimität aufbauen kann.

EFT und die Übungen in diesem Arbeitsbuch konzentrieren sich darauf, die emotionale Bindung zwischen Partner*innen zu stärken, indem sie die Schlüsselmomente identifizieren und transformieren, die eine liebevolle Beziehung zwischen erwachsenen Menschen fördern, indem sie beiderseits offen, aufeinander eingestimmt und reaktionsfähig sind.

Dieses Arbeitsbuch richtet sich an *alle* Paare – *alle* Partner*innen, die in der von ihnen gestalteten Beziehung nach lebenslanger Liebe suchen. Es ist für Menschen aus allen Schichten geeignet, ungeachtet ihrer Lebensweise, denn jeder Mensch auf Erden sehnt sich nach Verbundenheit

In Übungen und Gesprächen, die auf den in *Halt mich fest* erläuterten Gesprächen beruhen, werden Sie die maßgeblichen Momente Ihrer Liebesbeziehung entdecken und lernen, sie zur Schaffung einer sicheren, dauerhaften Bindung zu nutzen. Sie müssen *Halt mich fest* nicht gelesen haben, um dieses Arbeitsbuch benutzen zu können. Sollten Sie es gelesen haben, werden Sie das zusätzliche Material und die neuen Übungen hilfreich finden. Wenn Sie ohne vorherige Lektüre von *Halt mich fest* direkt einsteigen wollen – kein Problem. Die Übungen werden durch Grundlagenmaterial erläutert und erklären sich selbst.

Mit den Übungen in diesem *Arbeitsbuch* werden Sie lernen,

- romantische Liebe besser zu verstehen – die entscheidenden Schritte und Momente, die eine Beziehung definieren und sie entweder zum Gipfel führen oder in die Tiefe abstürzen lassen,
- die emotionalen Reaktionen und Bedürfnisse Ihres Partners/Ihrer Partnerin und Ihre eigenen besser zu verstehen,
- negative Interaktionen und Spiralen, die Schmerz und Distanz verursachen, zu beschreiben und unter Kontrolle zu bringen,
- positive Momente des Aufeinanderzugehens zu schaffen, die eine sichere Bindung entstehen lassen.

Auch wenn EFT von Partner*innen gemeinsam praktiziert wird, ist es wichtig, Bindung auf individueller, persönlicher Ebene zu verstehen. Aus diesem Grund enthält das *Arbeitsbuch* auch Übungen für Sie allein, Introspektionsübungen, Übungen zum Nachdenken usw. Es enthält Fragebögen, auf denen sie *richtig* und *falsch* ankreuzen können, und Fragebögen mit Lückensätzen, die Sie vervollständigen müssen,

Checklisten und beispielhafte Dialoge, die Ihnen helfen, ihre eigene EFT-Erfahrung zu gestalten. Arbeiten Sie entspannt und mit Freude. Es gibt keine richtigen oder falschen Antworten.

Praktische Empfehlungen für die Arbeit mit diesem *Arbeitsbuch*

Sie können sich mit den Gesprächen auf unterschiedliche Weise beschäftigen, zum Beispiel, indem Sie pro Tag oder pro Woche ein Gespräch durcharbeiten oder sich ein Wochenende freihalten, um sich der Introspektion und Ihrer Partnerin / Ihrem Partner zu widmen. Es geht nicht darum, möglichst viele Übungen auf einmal abzuhaken. Ein Gespräch pro Woche gibt Ihnen Gelegenheit, sich mit den Zielen des Gesprächs und den jeweiligen Methoden vertraut zu machen, in sich hineinzuhorchen und sich miteinander auszutauschen – ohne jeden Druck, rasch voranzukommen. Vielleicht haben Sie das Bedürfnis, sich mit einem bestimmten Gespräch besonders eingehend auseinanderzusetzen.

Die Gespräche sollten in der vorgegebenen Reihenfolge geführt werden. Sie können diese aber auch ändern oder ein Gespräch, das Sie für sich persönlich nicht für relevant halten, auslassen.

Nach Möglichkeit sollten Sie die Übungen gemeinsam durcharbeiten und sich über Ihre Antworten austauschen. Natürlich kann es Situationen geben, in denen Sie diese oder jene Übung allein machen möchten. Auch das ist in Ordnung. Wie schon erwähnt: Manche Übungen sind als Einzelprojekte konzipiert. Sie können auch Seiten aus dem Buch, die Sie für sich allein durcharbeiten möchten, kopieren.

Paare, die gut zusammenarbeiten können, sollten für die Übungen Stifte mit unterschiedlichen Farben benutzen. Außerdem empfehle ich, abzuwechseln, wer die Fragen als Erster beantwortet. Sie finden mit Sicherheit einen Rhythmus, der Ihnen zusagt. Setzen Sie sich nicht unter Druck. Betrachten Sie es als eine Reise, auf der Sie sich selbst (vielleicht zum ersten Mal) entdecken und Ihre Beziehung wiederentdecken werden.

Ich weiß, dass es schwer sein kann, die Arbeit der Liebe und des Liebens in Angriff zu nehmen. Aber sie lohnt sich! Unser Bedürfnis nach Nähe – einem sicheren Hafen, wenn wir ihn brauchen – ist absolut, doch dass es befriedigt wird, ist keineswegs selbstverständlich. Wir müssen uns darum bemühen, und damit haben Sie bereits begonnen, indem Sie zu diesem *Arbeitsbuch* gegriffen und gemeinsam überlegt haben, welche Rolle es in Ihrer Beziehung spielen könnte. Es führt vielleicht nicht zu einer perfekten Liebe (weil es so etwas gar nicht gibt), aber es führt zu einer Liebe, die präsenter ist – sicher, tief und dauerhaft.

1. Vor den Gesprächen – Unsere emotionalen Reaktionen und die Sprache der Bindung

In sämtlichen Sprachen der Welt ist *Liebe* das vielleicht am häufigsten verwendete und eindrücklichste Wort. Die Liebe ist der Gipfel der Evolution, der wirkmächtigste Überlebensmechanismus der menschlichen Spezies überhaupt. Nicht weil sie uns zur Paarung und Fortpflanzung veranlasst, sondern weil sie uns drängt, emotionale Bindungen an Menschen aufzubauen, die für uns wertvoll sind, weil wir bei ihnen Zuflucht vor den Stürmen des Lebens finden. Die Liebe ist unser Bollwerk, sie bietet uns den emotionalen Schutz, den wir brauchen, um mit den Höhen und Tiefen des Lebens fertigzuwerden.

Dieser Drang, uns emotional zu binden – jemanden zu finden, den wir bitten können: „Halt mich fest" –, ist biologisch in unseren Genen, im Gehirn und im Körper als eine Art Sicherheitssignal kodiert. Er ist für unser Leben, unsere Gesundheit und Zufriedenheit von ebenso grundlegender Bedeutung wie das Verlangen nach Nahrung, Geborgenheit oder Sex. Wir brauchen emotionale Bindungen an einige wenige, unersetzliche Menschen, um körperlich und psychisch gesund zu bleiben – und zu überleben. Die sichere Bindung an einen geliebten Menschen gibt uns Kraft. Erkenntnisse aus allen Bereichen der Wissenschaft lassen keinen Zweifel daran, dass wir nicht nur soziale Wesen sind, sondern dass wir auf eine ganz besondere Art der Nähe zu anderen Menschen angewiesen sind. Entscheidend ist nicht nur, ob wir in unserem Leben enge Beziehungen haben oder nicht – auch die Art dieser Beziehungen spielt eine Rolle. Schlechte Beziehungen untergraben unsere Gesundheit. Ohne emotionale Verbundenheit mit unseren Partner*innen können wir uns emotional nicht aufgehoben fühlen. In einer sicheren Bindung sind wir zugänglich und responsiv. Eine solche Bindung vermittelt uns Sicherheit, eine schwache Bindung versetzt uns in Angst. So wie Verbundenheit und Schutz als Signale dienen, die uns vermitteln, dass wir sicher sind, erleben wir Isolation und emotionales Getrenntsein von unseren Partner*innen als Gefahrensignale.

In jedem von uns taucht bei Meinungsverschiedenheiten oder in Auseinandersetzungen mit dem Partner / der Partnerin auch eine gewisse Furcht auf. Sicher gebundene Menschen nehmen sie lediglich flüchtig wahr, denn sie verfliegt im Nu, sobald uns klar wird, dass keine reale Gefahr droht und dass unser*e Partner*in uns beruhigen wird, wenn wir ihn / sie darum bitten. Im Falle einer schwachen, unzuverlässigen Bindung aber kann die Angst überwältigend sein, und wir werden von *Urangst,* wie der Neurowissenschaftler Jaak Panksepp sie genannt hat, überwältigt. In einer solchen Situation verhalten wir uns entweder *fordernd* und klammern uns an unsere Partner*innen, oder wir *ziehen uns zurück* und distanzieren uns, um uns selbst zu beruhigen und zu trösten. Im ersten Fall sagen wir: „Schenk mir deine Aufmerksamkeit. Bleib bei mir. Ich brauche dich", und im zweiten: „Ich lasse nicht zu, von dir verletzt zu werden. Ich versuche locker zu bleiben und nicht die Kontrolle zu verlieren."

Die Übungen in diesem Teil des Buches helfen Ihnen nicht nur, den Grad ihrer Angst zu erkennen, Vertrauen und Bindung, die sichere Verbundenheit, nach der wir alle suchen, zu verlieren; Sie werden auch herausfinden, wie Sie sich gegenüber einer von Ihnen wahrgenommenen Gefährdung Ihrer Bindung verhalten. Dieser Schritt ist wichtig, bevor Sie die Gespräche aufnehmen, denn bevor Sie und Ihr*e Partner*in effektiv miteinander kommunizieren können, muss jeder Beteiligte sich darüber im Klaren sein, welche Bindungssprache aus seinen Bedürfnissen, Mustern und Verhaltensweisen spricht. Dann erst kann Verantwortlichkeit ins Spiel kommen, eine Hauptantriebskraft, um die Bitten um Aufmerksamkeit und Verbundenheit eines anderen Menschen zu hören und darauf einzugehen. Wenn Sie die Sprache der Bindung beherrschen, können Sie unmissverständlich signalisieren, was Sie brauchen und wie wichtig der / die Andere Ihnen ist.

1.1 Forderung und Rückzug: Identifizieren Sie Ihre Urangst

Die Bindungstheorie lehrt uns, dass unsere Liebespartner*innen unsere Zuflucht sind. Wenn der geliebte Mensch sich emotional entzieht oder gleichgültig auf uns reagiert, packt uns die Angst, ganz allein, einsam und hilflos in der Kälte zu stehen. Wut, Traurigkeit, Verletztheit, aber vor allem Angst bestürmen uns. Überraschend ist dies nicht, denn die Angst ist bekanntlich unser eingebautes Alarmsystem, das augenblicklich aktiviert wird, wenn unser Überleben bedroht ist. Die Verbindung zu einem geliebten Menschen zu verlieren, erschüttert unser Sicherheitsgefühl. Ausgelöst wird der Alarm in der Amygdala, jener Region des Gehirns, die eine automatische Angstreaktion triggert. Wir denken nicht mehr – wir fühlen und agieren. An diesem Punkt verfallen wir auf eine von zwei Möglichkeiten: Wir verhalten uns entweder *fordernd* oder *ziehen uns zurück*.

Die Strategien zum Umgang mit der Angst vor Bindungsverlust treten in Aktion, ohne dass es uns bewusst wird, und erfüllen zumindest vorübergehend ihren Zweck. Wenn verängstigte Partner*innen sie aber ein ums andere Mal einsetzen, kommt ein Teufelskreis der Unsicherheit in Gang, der das Paar weiter und weiter auseinandertreibt. Immer häufiger entwickeln sich Situationen, in denen sich keiner der beiden mehr sicher fühlt; sie gehen in die Defensive, und jeder denkt vom anderen und von der Beziehung nur noch das Schlechteste. Es ist ein Tanz, ein riskanter Tanz, in dem wir uns entweder synchron bewegen oder uns in Angst und Panik gegenseitig auf die Füße treten. Unsere emotionalen Reaktionen – Forderung, Rückzug oder alle erdenklichen Kombinationen aus beiden Strategien – führen uns vor Augen, wie schön (oder auch nicht) unser Tanz ist.

Bevor wir Ihren gemeinsamen Tanz benennen können, müssen wir klären, ob Sie Ihre individuellen Schritte mithilfe dieser introspektiven Tagebuch-Übungen zu identifizieren vermögen.

EINE ÜBUNG IN INTROSPEKTION

Unsere Ängste sind im Gehirn fest verdrahtet. Jeder hat sie. Können Sie Ihre Ängste dingfest machen oder identifizieren? Lauschen Sie Ihren Gefühlen, um tief in Ihrem Inneren die Angst oder Furcht zu entdecken, von Ihrer Partnerin / Ihrem Partner abgelehnt oder verlassen zu werden. Die im Folgenden genannten Gefühle oder Eigenschaften der Forderer bzw. Rückzügler helfen Ihnen, mit Ihrem eigenen inneren Erleben in Berührung zu kommen. Kreuzen Sie die Eigenschaften an, die Sie wiedererkennen.

Forderer empfinden oft:

- ☐ Angst vor dem Alleinsein; panische Angst, ungewollt zu sein
- ☐ Angst, im Stich gelassen zu werden
- ☐ Angst, verletzt zu werden
- ☐ Panische Angst, nicht gesehen zu werden

Rückzügler empfinden oft:

- ☐ Angst vor Zurückweisung
- ☐ Angst, vom Partner / von der Partnerin enttäuscht zu werden – zu kurz zu kommen
- ☐ Angst zu versagen
- ☐ Gefühle der Überwältigung
- ☐ Betäubung oder Erstarrung vor Angst
- ☐ Angst, verurteilt oder kritisiert zu werden

Überlegen Sie, wovor Sie sich am meisten fürchten.

Partner*in 1:

____

____

____

____

____

____

Partner*in 2:

____

____

____

____

____

____

CHECKPOINT: Was Ihre Worte bedeuten könnten

Forderer sagen:

Ich werde sterben. Er/sie hat mich abgeschrieben. Meine Gefühle interessieren niemanden. Ich bin einsamer, als wenn ich allein lebte. Ich bin allein. Weggeworfen. Ich bekomme keine Reaktion. Ich hämmere gegen die Tür. Ich schreie, um eine Reaktion, irgendeine Reaktion, zu bekommen. Wir leben zusammen. Ich spiele keine Rolle mehr für sie/ihn.

Rückzügler sagen:

Ich kann es ihm/ihr nie recht machen – nie ist er/sie zufrieden. Ich gebe auf, ich klinke mich aus. Ich mag keinen Streit – deshalb versuche ich, Ruhe zu bewahren. Ich weiß nicht mehr weiter. Bin wie gelähmt. Es bringt alles nichts. Ich verschanze mich. Ich versuche, es wieder *hinzubiegen* – aber es funktioniert nicht. Ich schalte ab.

1.2 A.R.E. – Aufgeschlossenheit, Responsivität, emotionales Engagement

Die Schlüsselfrage in unseren Liebesbeziehungen lautet: „Bist du für mich da?“ Und das bedeutet nichts anderes als: „Bin ich dir wichtig? Kann ich dich erreichen? Bist du zugänglich, emotional verfügbar? Kann ich mich darauf verlassen, dass du reagierst, wenn ich dich brauche? Wirst du dich um mich kümmern, mir deine Aufmerksamkeit schenken?“

„Bist du für mich da?“ ist die A.R.E.-Frage. Diese Schlüsselfrage steckt gleich unter der Oberfläche wiederkehrender Reibereien über Alltägliches wie Aufgaben im Haushalt, persönlichkeitsbedingte Unterschiede, Sex, Kindererziehung und Geld. Wenn Partner*innen sich geliebt und sicher fühlen, können sie Unterschiede und Probleme gemeinsam bewältigen. Andernfalls geben ihre Beziehungsschwierigkeiten und ihre Ängste ein ums andere Mal Anlass zu Meinungsverschiedenheiten.

FRAGEBOGEN: Who A.R.E. You? Oder: Wer sind Sie?

Stimmt die Art und Weise, wie Ihr*e Partner*in Ihre (emotionale) Aufgeschlossenheit, Responsivität und Ihr emotionales Engagement wahrnimmt, mit Ihrem Selbstbild und Ihrem Sicherheitsgefühl in Ihrer Beziehung überein? Lesen Sie die folgenden Aussagen und kreuzen Sie R für richtig oder F für falsch an. Sie können den Fragebogen einzeln, jeder für sich, ausfüllen und allein über die Antworten nachdenken oder auch gemeinsam darüber sprechen.

Ist Ihr*e Partner*in Ihrer Meinung nach für Sie aufgeschlossen?

1.	Er / sie schenkt mir gern seine / ihre Aufmerksamkeit.	R	F
2.	Er / sie geht emotional auf mich ein.	R	F
3.	Er / sie zeigt mir, dass ich für ihn / sie an erster Stelle stehe.	R	F
4.	Ich fühle mich in dieser Beziehung nicht einsam oder ausgeschlossen.	R	F
5.	Ich kann meine tiefsten Gefühle mit ihm / ihr teilen.	R	F

Verhält sich Ihr*e Partner*in Ihrer Meinung nach responsiv Ihnen gegenüber?

1. Wenn ich Verbundenheit und Trost brauche, ist er/sie für mich da. R F
2. Er/sie reagiert, wenn ich mein Bedürfnis nach Nähe signalisiere. R F
3. Ich kann mich auf ihn/sie verlassen, wenn ich ängstlich oder unsicher bin. R F
4. Auch wenn wir streiten oder eine Meinungsverschiedenheit haben, weiß ich, dass ich für ihn/sie wichtig bin und dass wir wieder zueinander finden werden. R F
5. Wenn ich mir nicht sicher bin, wie wichtig ich für ihn/sie bin, zeigt er/sie mir, dass er/sie für mich da ist. R F

Gehen Sie mit positiven Gefühlen aufeinander ein?

1. Ich fühle mich geborgen, wenn ich meinem Partner/meiner Partnerin nahe bin und ihm/ihr vertraue. R F
2. Ich kann ihm/ihr praktisch alles anvertrauen. R F
3. Ich habe keinen Zweifel daran, dass wir uns einander verbunden fühlen, auch wenn wir nicht zusammen sind. R F
4. Ich weiß, dass er/sie meine Freuden, Verletzungen und Ängste wichtig nimmt. R F
5. Ich fühle mich bei ihm/ihr sicher genug, um emotionale Risiken einzugehen. R F

1.3 Ihre Urangst-Reaktion verstehen

Versuchen Sie, Ihre Schritte in dem negativen Tanz, in dem Sie und Ihr*e Partner*in gefangen sind, zu identifizieren. Wie verhalten Sie sich gewöhnlich, wenn Sie plötzlich merken, dass Sie sich mit ihm/ihr nicht sicher verbunden fühlen? Schauen Sie, ob Sie in der folgenden Liste Stichworte finden, die auf Sie zutreffen. Kreuzen Sie alle Stichworte an, die Sie passend finden. Tauschen Sie sich mit Ihrem Partner/Ihrer Partnerin darüber aus.

Wenn ich mich nicht sicher mit dir verbunden fühle, verhalte ich mich häufig fordernd, indem ich:

- ☐ mich beklage
- ☐ dich kritisiere
- ☐ dir Schuld in die Schuhe schiebe oder deine Fehler hervorhebe
- ☐ schreie
- ☐ dir Vorschriften mache
- ☐ wütend werde – explodiere
- ☐ meine Meinung auch aggressiv durchzusetzen versuche
- ☐ meine Frustration auf wütende Weise äußere
- ☐ Missbilligung ausdrücke
- ☐ dich als *das* Problem bezeichne
- ☐ dich verfolge, um deine Aufmerksamkeit zu erzwingen
- ☐ dir vorzuschreiben versuche, was du ändern sollst
- ☐ Drohungen formuliere
- ☐ dich bedränge

Ich distanziere mich von dir (ziehe mich zurück), indem ich:

- ☐ dichtzumachen versuche
- ☐ ruhig bleibe und logisch zu argumentieren versuche
- ☐ dich ignoriere
- ☐ das Gespräch beende, indem ich weggehe oder mich einer Aufgabe widme
- ☐ nicht zuhöre und so tue, als sei ich taub
- ☐ das Thema wechsele
- ☐ mich verteidige und dir zeige, dass du im Unrecht bist
- ☐ nach einem Fluchtweg suche, um wegzukommen
- ☐ ganz bei mir bleibe und nicht reagiere
- ☐ mich in mein Schneckenhaus verkrieche
- ☐ mich schütze, indem ich mich distanziere
- ☐ das Gespräch verweigere und weggehe
- ☐ aufgebe

Unser Verhalten beeinflusst unsere Partner*innen stärker, als wir vermuten. Was denken Sie: Wie sieht Ihr*e Partner*in Sie in solchen Momenten? Wenn Sie beispielsweise häufig wütend und fordernd werden – können Sie sich vorstellen, dass Sie ihm / ihr damit Angst machen? Oder wenn sie ihm / ihr unentwegt erklären, dass er / sie als Partner*in und als Mensch nichts taugt, wenn Sie ihn / sie zurückstoßen und ihn / sie und die Beziehung ablehnen – können Sie sich vorstellen, dass er / sie das Gefühl hat, nicht wichtig für Sie zu sein, von Ihnen im Stich gelassen zu werden und nicht gebraucht zu werden, da Sie ja scheinbar mühelos ohne ihn / sie zurechtkommen?

Eine Übung in Introspektion

Überlegen Sie, was Sie zu Ihrem Partner / Ihrer Partnerin hingezogen hat und was Sie an ihm / ihr mögen.

Partner*in 1:

____

____

____

____

____

____

Partner*in 2:

____

____

____

____

____

____

Mein*e Partner*in sieht mich möglicherweise als:

Partner*in 1:

Partner*in 2:

Klären Sie, ob Sie bezüglich Ihrer Antwort einer Meinung sind. Verhalten Sie sich vorwiegend fordernd oder neigen Sie eher zum Rückzug?

Partner*in 1:

Partner*in 2:

Neigen Sie und Ihr*e Partner*in zu unterschiedlichen oder aber zu ähnlichen Urangst-Reaktionen? Es ist wichtig, dass Sie Ihre Reaktionen identifizieren und miteinander vergleichen, denn dies hilft Ihnen, Ihren Tanz zu identifizieren.

Partner*in 1:

Partner*in 2:

Wir werden dies im nächsten Kapitel mithilfe von Übungen eingehender untersuchen, die sich auf die drei unterschiedlichen Tänze beziehen, die Paare je nach ihren Urangst-Reaktionen miteinander tanzen. Zunächst aber gilt es, anhand des folgenden Arbeitsbogens Ihre individuellen Moves zu identifizieren.

ARBEITSBLATT: Identifizieren Sie Ihre Moves

Benennen Sie das Signal, das die Melodie der fehlenden Verbindung anklingen lässt. Vermeiden Sie verallgemeinernde oder abstrakte Aussagen, hinter denen sich Schuldzuweisungen verbergen, zum Beispiel: „Du bist einfach schwierig, das kennen wir ja", oder: „Jetzt wirst du wieder sentimental." Versuchen Sie, konkret und spezifisch zu formulieren, denn allgemein gehaltene Bemerkungen sind überwältigend und können in anderen Menschen die Kampf-oder-Flucht-Reaktion auslösen. Sobald wir einmal alarmiert sind, ist es um unsere Fähigkeit, zuzuhören und auf Informationen einzugehen, schlecht bestellt. Statt zu sagen, der / die Andere sei „einfach schwierig", könnte man sagen: „Ich habe das Gefühl, dass du im Moment ganz weit weg bist – du hörst mir gar nicht zu."

Beispiele für emotionale Reaktionen:

... du sagst, du seist für Sex zu müde, aber wir haben seit Wochen nicht miteinander geschlafen.

... wir streiten darüber, wie ich die Kinder erziehe.

... ich habe das Gefühl, dass wir seit Tagen nicht miteinander gesprochen haben.

Partner*in 1:

Wenn ____,

____

fühle ich mich nicht sicher mit dir verbunden.

Partner*in 2:

Wenn ____,

____

fühle ich mich nicht sicher mit dir verbunden.

Partner*in 1:

1. **Setzen Sie in der folgenden Aussage ein Verb ein, z. B. *klagen, nörgeln, abschalten, ignorieren, weglaufen, distanzieren.***

   Ich neige dazu, ____.

   Dies tue ich, um mit schwierigen Gefühlen fertigzuwerden und unseren Tanz irgendwie zu verändern.

2. **Benennen Sie die Hoffnung, die Sie in den Tanz hineinzieht, z. B.: *Wir werden weitere Konflikte vermeiden, oder ich werde dich dazu bewegen, stärker auf mich einzugehen.***

   Ich tue dies in der Hoffnung, dass ______________________________.

   ____

3. **Identifizieren Sie ein Gefühl. Die meisten Menschen nennen an diesem Punkt *Frustration, Wut, Taubheit, Leere oder Verwirrung.***

   Wenn dieses Muster einmal angelaufen ist, empfinde ich ________________.

   ____

   ____

4. **Fassen Sie die allerschlimmsten Schlussfolgerungen zusammen, die Sie sich vorstellen können, z. B.: *Ich bin dir gleichgültig, Ich bin dir nicht wichtig* oder *Ich kann es dir einfach nicht recht machen.***

   Für mich selbst ziehe ich dann, was unsere Beziehung betrifft, den Schluss, dass ______.

   ____

   ____

5. **Wählen Sie eine Formulierung, die das Verhalten Ihres Partners / Ihrer Partnerin am besten beschreibt, z. B. *macht dicht, bedrängt mich.***

   Meiner Meinung nach fällt es uns immer schwerer, uns sicher verbunden zu fühlen, weil wir uns im Kreis drehen und du jedes Mal, wenn ich mich wie oben beschrieben bewege,

   ____

   ____

6. **Ergänzen Sie Verben, die Ihre eigenen Moves in Ihrem Tanz und die Ihres Partners / Ihrer Partnerin charakterisieren, z. B. *Je mehr ich mich zurückziehe, desto stärker bedrängst du mich, um Gehör zu finden.***

   Je mehr ich ____________________,

   desto mehr ____________________.

   Dann sind wir beide in Schmerz und Isolation gefangen.

Partner*in 2:

1. **Setzen Sie in der folgenden Aussage ein Verb ein, z. B. *klagen, nörgeln, abschalten, ignorieren, weglaufen, distanzieren.***

   Ich neige dazu, ____________________.

   Dies tue ich, um mit schwierigen Gefühlen fertigzuwerden und unseren Tanz irgendwie zu verändern.

2. **Benennen Sie die Hoffnung, die Sie in den Tanz hineinzieht, z. B.: *Wir werden weitere Konflikte vermeiden, oder ich werde dich dazu bewegen, stärker auf mich einzugehen.***

   Ich tue dies in der Hoffnung, dass ____________________.

   ____

3. **Identifizieren Sie ein Gefühl. Die meisten Menschen nennen an diesem Punkt *Frustration, Wut, Taubheit, Leere oder Verwirrung.***

   Wenn dieses Muster einmal angelaufen ist, empfinde ich ____________________.

   ____

   ____

4. **Fassen Sie die allerschlimmsten Schlussfolgerungen zusammen, die Sie sich vorstellen können, z. B.: *Ich bin dir gleichgültig, Ich bin dir nicht wichtig* oder *Ich kann es dir einfach nicht recht machen.***

   Für mich selbst ziehe ich dann, was unsere Beziehung betrifft, den Schluss, dass ______.

   ____

   ____

5. **Wählen Sie eine Formulierung, die das Verhalten Ihres Partners / Ihrer Partnerin am besten beschreibt, z. B. *macht dicht, bedrängt mich.***

   Meiner Meinung nach fällt es uns immer schwerer, uns sicher verbunden zu fühlen, weil wir uns im Kreis drehen und du jedes Mal, wenn ich mich wie oben beschrieben bewege,

   ____

   ____

6. **Ergänzen Sie Verben, die Ihre eigenen Moves in Ihrem Tanz und die Ihres Partners / Ihrer Partnerin charakterisieren, z. B. *Je mehr ich mich zurückziehe, desto stärker bedrängst du mich, um Gehör zu finden.***

   Je mehr ich ____,

   desto mehr ____.

   Dann sind wir beide in Schmerz und Isolation gefangen.

Sobald Sie diese negativen Kreisläufe identifiziert und erkannt haben, dass Sie sich in ihnen verfangen, geben Sie diesem gemeinsamen Tanz einen Namen. Ich kenne Paare, die ihren Tanz als „Die Spirale“ bezeichnet haben, als „Der Tornado“ oder „Das schwarze Loch“. Wie auch immer sie ihn nennen – dies ist Ihr Teufelsdialog.

Unser Teufelsdialog

____

____

____

____

____

____

____

Ich ermuntere Paare zwar, einen eigenen Namen für Ihren Teufelsdialog zu finden, habe aber im Laufe der vergangenen Jahrzehnte drei typische Teufelsdialoge identifiziert, die Sie im nächsten Kapitel erforschen können.

Halten wir fest

- Emotionale Responsivität ist der Schlüssel zur Liebe.
- Furcht ist die Quelle Ihrer Panikreaktionen.
- Das Muster aus Forderung und Rückzug entwickelt sich, wenn unsere Verbundenheit verloren geht.
- Eine sichere, dauerhafte Beziehung ist möglich, wenn wir lernen, zusammen zu tanzen.

2. Gespräch Nr. 1: Die Teufelsdialoge erkennen

Sie haben soeben Ihre eigenen Bindungsbedürfnisse und Panikreaktionen und die Ihres Partners / Ihrer Partnerin untersucht. Wenn wir die Liebe und unsere Bindungsbedürfnisse nicht verstehen, bleiben wir blind für den Einfluss, den unsere Panikreaktionen auf unsere Partner*innen ausüben. Wenn wir unfähig sind, auf den anderen zuzugehen und eine Verbindung herzustellen, versuchen wir es mit sekundären Strategien. Entweder schalten wir unsere Bindungsgefühle und -bedürfnisse aus und ziehen uns zurück (wir wenden uns von unserem Partner / unserer Partnerin ab), oder wir werden sehr emotional und überfallen unseren Partner / unsere Partnerin mit Forderungen oder Kritik (wir wenden uns gegen ihn / sie, um ein Gefühl der Kontrolle zu erlangen). In zahllosen Paarsitzungen habe ich miterlebt, wie sich dieser aus dem Takt geratene Tanz während intensiver Gespräche entwickelt. Vielleicht erinnern Sie sich an *Halt mich fest* und die dort beschriebenen typischen Tänze, die zu drei verschiedenen Dialogen – von mir als Teufelsdialoge oder teuflische Dialoge bezeichnet – führen.

2.1 Teufelsdialog 1: Suche den Bösewicht

Machen wir uns nichts vor: Die meisten von uns verstehen es hervorragend, anderen die Schuld zuzuweisen. „Es ist nicht meine Schuld, die / der andere ist der Bösewicht." Wir könnten diesen Dialog auch als „Ich war es nicht, du hast Schuld" bezeichnen. Im Folgenden konzentrieren wir uns auf jeden einzelnen Schritt und die Frage, *wie* „du mir gerade auf die Zehen getreten bist", statt den Tanz insgesamt zu beurteilen. Kreuzen Sie bei den folgenden Aussagen *Stimme zu* oder *Stimme nicht zu* an, um herauszufinden, ob die Suche nach dem Bösewicht Ihr Teufelsdialog ist.

	Stimme zu	Stimme nicht zu
1. Ich merke, dass ich Negativität und Schuldzuweisungen geradezu erwarte und schneller darauf reagiere, wenn ich sie von vornherein kommen sehe.	☐	☐
2. Ich kann mit meinem Partner / meiner Partnerin nicht entspannen und mich ihm / ihr erst recht nicht verbunden fühlen oder anvertrauen.	☐	☐
3. Ich bin felsenfest überzeugt, dass mein*e Partner*in die Hauptschuld trägt.	☐	☐
4. Ich habe eine ganze Liste von Beschwerden, die ich auf den Tisch lege, wenn ich mich von meinem Partner / meiner Partnerin kritisiert fühle.	☐	☐
5. Ich bin erst zufrieden, wenn ich einen Trumpf ausgespielt und meinem Partner / meiner Partnerin gezeigt habe, dass ich unverletzlich bin.	☐	☐
6. Ich möchte meine*n Partner*in zwingen, mir zuzuhören, und ich tue alles, um beim Thema zu bleiben – ganz gleich, um was es geht.	☐	☐
7. Ich möchte, dass mein*e Partner*in Rücksicht auf mich nimmt.	☐	☐

CHECKPOINT: Auseinandersetzungen nach dem Muster *Suche den Bösewicht*

... definieren den Anderen / die Andere oder die Beziehung tendenziell pauschal mit Worten wie „immer" oder „nie" in Verbindung mit Schuldzuweisungen, z. B.: „Du bist immer unvernünftig – richtig unreif."
... stehen emotional ganz im Zeichen von Zorn und Wut.
... machen beide Partner*innen zu Gefangenen ihres Angriffsmodus.

Der Tanz entwickelt sich wie folgt:

Je stärker du angreifst ...
... desto gefährlicher wirkst du auf mich.
... desto mehr nehme ich mich in Acht.
... desto härter schlage ich zurück.
... und dann gehst du erneut auf mich los.

Der Tanz nimmt kein Ende.

Eine Übung in Introspektion

Wenn Angriff-Gegenangriff das Muster des Paares ist, sind beide entschlossen, um jeden Preis zu gewinnen. Diese Fragen und Reflexionen können Ihnen helfen, darüber nachzudenken, wie Sie und Ihr*e Partner*in sich in diesem Dialog und dem Sieg-um-jeden-Preis-Modus, der sie gefangen hält, bewegen.

Rufen Sie sich Ihre letzte Auseinandersetzung in Erinnerung. Vielleicht sind Sie später als üblich von der Arbeit nach Hause gekommen und hatten vergessen, Bescheid zu sagen, oder Ihr Kind verhielt sich unmöglich, worüber Sie sich sehr ärgerten, oder einer von Ihnen hat Chaos hinterlassen oder ein wertvolles Erinnerungsstück kaputt gemacht. Wie haben Sie Ihren Partner / Ihre Partnerin beschuldigt? Was haben Sie eingesetzt, um den Streit zu gewinnen und Ihre Unschuld zu beweisen? Zu welchen Retourkutschen greifen Sie, wenn Sie sich in die Enge getrieben fühlen?

Partner*in 1:

Partner*in 2:

Beschreiben Sie mit wenigen Worten den Kreislauf aus feindseliger Kritik und Beschimpfung, in den Sie sich beide verstrickt haben. Auf welche Weise haben Sie begonnen, den Anderen zu definieren? Wie haben Sie sich hineingesteigert und den Anderen wütend gemacht? Gab es einen Sieger? (Wahrscheinlich nicht.)

Partner*in 1:

Partner*in 2:

Was ist im Anschluss an Ihre Suche nach dem Bösewicht passiert? Zum Beispiel: „Wir haben uns zwei Tage lang gegenseitig ignoriert. Einer von uns beiden versank in Resignation und Depression, und wir haben uns beide allein und hoffnungslos gefühlt."

Partner*in 1:

Partner*in 2:

Welche Gefühle haben Sie in Bezug auf sich selbst, Ihre*n Partner*in und Ihre Verbindung empfunden?

Partner*in 1:

Partner*in 2:

Ist es Ihnen gelungen, rückblickend noch einmal über Ihren Streit zu sprechen und sich gegenseitig zu trösten? Falls nicht: Wie sind Sie mit dem Verlust der Sicherheit in der Beziehung umgegangen?

Partner*in 1:

Partner*in 2:

Wenn Sie das nächste Mal in den Gewinnen-um-jeden-Preis-Modus hineingeraten, nehmen Sie den folgenden korrigierenden Dialog auf:

„Wir sind gerade dabei, einander zu beschimpfen, um zu beweisen, dass der Andere der Bösewicht ist. Wir werden uns gegenseitig noch stärker verletzen, wenn wir in diesem Tanz gefangen bleiben. Wir sollten uns nicht in gegenseitige Angriffe verstricken. Vielleicht können wir darüber sprechen, was passiert ist, ohne einander gegenseitig Schuld zuzuweisen."

2.2 Teufelsdialog 2: Die Protestpolka

Die Protestpolka ist der häufigste und verführerischste Tanz in Beziehungen. Sie erzeugt eine Endlosschleife, denn jeder Schritt provoziert unweigerlich den nächsten. Eine*r der Partner*innen sucht Kontakt – wenngleich unter negativem Vorzeichen (fordernd) –, und der/die Andere weicht zurück (Rückzug). Dann wiederholt sich das Muster. Die Tanzenden finden auch deshalb kein Ende, weil die Emotionen und Bedürfnisse, die sie antreiben, die intensivsten, dringlichsten Gefühle sind, die Menschen überhaupt empfinden können. Bindungsbeziehungen sind die einzigen Beziehungen auf Erden, in denen tatsächlich *jede* Reaktion besser ist als gar keine. Wenn wir einem Menschen, den wir lieben, keine emotionale Reaktion entlocken können, schaltet unser Gehirn automatisch auf Protest. Bei der *Protestpolka* geht es einzig und allein darum, eine Reaktion zu erhalten, die Verbundenheit schafft und unser Sicherheitsgefühl stärkt.

CHECKPOINT

Die Protestpolka

... ist der vorherrschende, am häufigsten getanzte Tanz der Verzweiflung.
... ist für Liebesbeziehungen tödlich.
... dreht sich um nichts anders als um Bindung – beide Partner*innen protestieren gegen Unverbundenheit.
... bringt mehrdeutige Botschaften zum Ausdruck, z. B.: „Okay, vielleicht möchte ich nicht hier sein, deshalb ...", oder: „Vielleicht bin ich für dich einfach nicht gut genug, deshalb ...", oder: „Ich sollte besser aufgeben und ..."

Ein endloser Tanz, angetrieben von einem primären Überlebenscode der Bindung und von mächtigen Emotionen.

Der Tanz geht so:

Je unverbundener / abgelehnter ich mich fühle ...
... desto lauter beschwere ich mich.
... desto fordernder werde ich.
... desto mehr kritisiere ich dich.
... desto hartnäckiger verfolge ich dich.

Je gefährlicher ich auf dich wirke,
... desto weiter distanzierst du dich von mir.
... desto energischer verteidigst du dich.
... desto mehr verschließt du dich und ignorierst mich.

Eine Übung in Introspektion

Können Sie einer oder jeder der folgenden Charakterisierungen von Menschen, die sich fordernd verhalten, wenn sie ihre sichere Bindung bedroht sehen, zustimmen? Kreuzen Sie die Aussagen an, in denen Sie sich wiedererkennen.

☐ Mein Herz ist gebrochen. Ich könnte unentwegt weinen. Manchmal habe ich das Gefühl, in dieser Beziehung zu sterben.

☐ Mein*e Partner*in ist in letzter Zeit ständig beschäftigt, immer irgendwo anders. Selbst wenn er / sie zuhause ist, sitzt er / sie am Computer oder vor dem Fernseher. Wir scheinen auf unterschiedlichen Planeten zu leben. Ich fühle mich ausgeschlossen.

- ☐ Manchmal denke ich, dass ich in dieser Beziehung einsamer bin, als wenn ich alleine lebte. Es war einfacher für mich, allein zu sein, als dieses Leben zu führen – zusammen, aber getrennt.
- ☐ Ich habe meine*n Partner*in damals so sehr gebraucht, aber er/sie war meilenweit von mir entfernt. Meine Gefühle spielten scheinbar keine Rolle. Mein*e Partner*in hat sie einfach ignoriert.
- ☐ Wir sind eine Wohngemeinschaft. Wir sind uns überhaupt nicht mehr nahe.
- ☐ Mich macht das wütend. Meinem Partner/meiner Partnerin ist das offenbar ganz egal, deshalb schlage ich manchmal um mich. Ich versuche ja nur, ihm/ihr eine Reaktion zu entlocken, irgendeine Reaktion.
- ☐ Ich weiß nicht, ob ich für ihn/sie überhaupt noch wichtig bin. Ich habe das Gefühl, nicht gesehen zu werden. Ich komme gar nicht mehr an ihn/sie heran.

Können Sie einer der folgenden Charakterisierungen von Menschen, die sich zurückziehen, wenn sie ihre sichere Bindung bedroht sehen, zustimmen? Kreuzen Sie die Aussagen an, in denen Sie sich wiedererkennen.

- ☐ Ich kann es meinem Partner/meiner Partnerin sowieso nie recht machen, deshalb gebe ich es auf. Es ist alles so hoffnungslos.
- ☐ Ich fühle mich wie betäubt. Weiß gar nicht, was ich fühle. Ich erstarre und klinke mich aus.
- ☐ Ich habe verstanden, dass irgendetwas mit mir nicht stimmt. Als Partner*in habe ich versagt. Diese Wahrheit lähmt mich.
- ☐ Ich mache dicht und warte, bis er/sie sich beruhigt hat. Ich versuche, keinen Staub aufzuwirbeln, das ist meine Methode, die Beziehung zu schützen. Bloß keinen Staub aufwirbeln.
- ☐ Ich verkrieche mich in mein Schneckenhaus, in dem ich mich sicher fühle. Ich versuche, die wütenden Äußerungen meines Partners/meiner Partnerin gar nicht zu hören. Ich bin der/die Gefangene, und er/sie ist der Richter.
- ☐ Ich fühle mich in dieser Beziehung wie ein Nichts. Unzulänglich. Deshalb flüchte ich mich an meinen Computer, in meine Arbeit oder mein Hobby. In meinem Job bin ich jemand. Für meine*n Partner*in scheine ich in keinerlei Hinsicht etwas Besonderes zu sein.
- ☐ Für meine*n Partner*in zähle ich nicht. Auf seiner/ihrer Prioritätenliste stehe ich ganz unten. Irgendwo hinter den Kindern, dem Haus, den Freunden. Selbst der Hund ist ihm/ihr wichtiger als ich! Ich tauge nur dazu, mich an den Kosten zu beteiligen. Ich fühle mich so leer. Man kann sich der Liebe nie sicher sein.

- ☐ Ich glaube nicht, dass ich so sehr auf einen anderen Menschen angewiesen bin wie mein*e Partner*in. Ich bin einfach nicht so bedürftig. Ich habe gelernt, dass diese Bedürftigkeit schwach und kindisch ist. Deshalb versuche, mit Schwierigkeiten allein fertigzuwerden. Ich ziehe mich einfach zurück.
- ☐ Ich habe keine Ahnung, wovon mein*e Partner*in spricht. Wir kommen doch gut miteinander aus. Darum geht es doch in der Ehe, oder? Um Freundschaft. Ich weiß ohnehin nicht, was Nähe, einander nah sein, bedeuten soll.
- ☐ Ich versuche, das Problem ganz konkret zu lösen. Es aus dem Weg zu räumen. Ich bearbeite es in meinem Kopf. Das funktioniert nicht, weil es meinem Partner / meiner Partnerin nicht gefällt. Ich weiß nicht, was er / sie eigentlich will.

ARBEITSBLATT: Der Feedbackschleife nachspüren

Wenn es Ihnen nicht widerstrebt, könnten Sie versuchen, Ihre eigenen Protestpolka-Schritte und die Ihres Partners / Ihrer Partnerin zu identifizieren. Erkennen Sie die Feedbackschleife? Beschreiben Sie sie, indem Sie die folgenden Sätze durch einfache Worte ergänzen. Zum Beispiel:

Partner*in 1: Je nachdrücklicher ich *frage, wo du gewesen bist*, desto *abfälliger und kaltherziger* reagierst du, und dann *überhäufe ich dich mit Vorwürfen*, und wir drehen uns im Kreis.

Partner*in 2: Je *sarkastischer ich reagiere*, desto *lauter schreist* du, und dann *verlasse ich das Zimmer*, und so drehen wir uns immer weiter im Kreis.

Versuchen Sie es nun selbst:

Partner*in 1: Je mehr ich ______________________________,

desto mehr ______________________________,

und wir drehen uns immer weiter im Kreis.

Partner*in 2: Je mehr ich ______________________________,

desto mehr ______________________________,

und wir drehen uns immer weiter im Kreis.

CHECKPOINT: Mantras können hilfreich sein

Die Protestpolka entwickelt sich zu einem Teufelskreis, an dem Paarbeziehungen scheitern können. Studien zeigen, dass Paare, die dieses Muster nicht erkennen und die Musik nicht verändern können, in aller Regel spätestens nach fünf Jahren auseinandergehen. Im Laufe meiner langjährigen Arbeit mit Paaren habe ich die Erfahrung gemacht, dass fünf Dinge notwendig sind, um diesen Kreislauf durchbrechen zu können. Hierbei helfen Ihnen Mantras, Gelübde sozusagen, die Sie vor sich selbst (und Ihrem Partner / Ihrer Partnerin) ablegen können, wenn Ihnen bewusst wird, dass der Teufelsdialog in Gang zu kommen droht.

1. **Sie müssen den Tanz mit allem Drum und Dran erkennen. Sie müssen das *Wie* des Tanzes zwischen Ihnen und Ihrer Partnerin / Ihrem Partner sehen und begreifen.**

   Mantra: Wir werden uns nicht auf spezifische Schritte, erst recht nicht die des / der Anderen konzentrieren. Wir werden nicht sagen: „Du hast mich gerade angegriffen." Stattdessen treten wir einen Schritt zurück und betrachten das Gesamtbild.

2. **Sie müssen beide begreifen, wie Sie den Anderen durch Ihre eigenen Schritte in den Tanz hineinziehen. Jeder von Ihnen ist in dem Tanz gefangen und trägt unbewusst dazu bei, den anderen gefangen zu halten.**

   Mantra: Ich werde darauf achten, wie du auf meinen Angriff oder Rückzug reagierst. Ich werde aufhören zu beobachten, welche Auswirkungen meine Aktionen und mein Verhalten auf dich haben.

3. **Die gesamte Protestpolka dreht sich um Bindungsschwierigkeiten, die sich durch logisches Problemlösen oder antrainierte Kommunikationstechniken nicht klären lassen. Sie müssen das eigentliche Wesen dieses Tanzes begreifen, damit Sie die Schlüsselelemente verändern und zu sicherer Verbundenheit zurückkehren können.**

   Mantra: Wir werden lernen zu erkennen, wann der / die Andere um Verbundenheit fleht und seine / ihre Verzweiflung umschlägt in: „Ich bedränge dich und setze dir zu, um dir irgendeine Reaktion zu entlocken." Wir werden uns daran erinnern, dass diese Muster universell sind, weil unsere Bedürfnisse und Ängste sowie unsere Reaktionen auf Verlust und Getrenntsein universell sind.

4. **Sie müssen das Wesen der Liebe verstehen und die Momente der Unverbundenheit, des Protests und der Verzweiflung wahrnehmen, die zentrale Elemente der Protestpolka sind.**

   Mantra: Wir können lernen, nicht unsere*n Partner*in, sondern die Protestpolka als den Feind zu betrachten.

5. **Sie müssen sich verbünden und den Feind beim Namen nennen, damit Sie Tempo aus dem Tanz herausnehmen können.**

   Mantra: Wir können einen Schritt beiseitetreten und genügend Sicherheit schaffen, um über Bindungsgefühle und -bedürfnisse zu sprechen.

2.3 Teufelsdialog 3: Erstarren und Fliehen

Im Gespräch mit manchen Paaren höre ich nicht die Feindseligkeit der Suche nach dem Bösewicht oder die verzweifelten Rhythmen der Protestpolka, sondern stattdessen tödliches Schweigen. Solche Paare sitzen den Tanz der Beziehung gewissermaßen aus! Es hat den Anschein, als stünde rein gar nichts auf dem Spiel. Keiner der beiden scheint auch nur das geringste Interesse an dem Tanz zu haben, und dennoch liegt eine mit Händen greifbare Spannung in der Luft, und ich blicke in zwei von Schmerz gezeichnete Gesichter. Von den Emotionswissenschaftlern lernen wir, dass wir zwar versuchen können, unsere Emotionen zu unterdrücken, aber dass es nicht funktioniert. Im Erstarren-und-Fliehen-Modus sind beide Partner*innen in Abwehr und Verleugnung gefangen. Jeder schützt sich selbst und gibt vor, nichts zu empfinden und den Anderen nicht zu brauchen.

CHECKPOINT

Erstarren und Fliehen ist ...

... wechselseitiger Rückzug. Erstarrte Abwehr und Verleugnung. Keiner der beiden wagt es, auf den Anderen zuzugehen.

... Ausdruck von Hoffnungslosigkeit. Kein Sex, keine Berührung. Die Partner*innen sind einander fremd – ein häufiges Ergebnis der Protestpolka.

Eisige Leere. Vorspiel zur Distanzierung.

Das sind die Schritte dieses Tanzes:

Je mehr ich mich beherrsche und meine Gefühle unterdrücke, desto wachsamer und distanzierter verhältst du dich.

Die für Erstarren und Fliehen charakteristische extreme Distanzierung ist eine Reaktion auf den Verlust der Verbundenheit und das Gefühl, sie nicht wiederherstellen zu können. Das eigentliche Problem dieses Musters ist die Hoffnungslosigkeit. Beide Partner*innen sind zu dem Schluss gelangt, aufgrund ihrer Charakterfehler selbst für die Schwierigkeiten verantwortlich zu sein. Die Scham über die eigenen Fehler und Schwächen ist übermächtig. Die natürliche Reaktion auf diese Überzeugung besteht darin, sich zu verstecken und das vermeintlich nicht liebenswerte eigene Selbst zu verbergen.

Viele Paare, mit denen ich gearbeitet habe und die im Erstarren-und-Flucht-Muster gefangen waren, verleugnen ihr Bedürfnis nach Nähe. Beide Partner*innen ziehen sich zurück, wenn sie sich unverbunden fühlen. Unsere frühen Beziehungen zu geliebten Menschen prägen die Beziehungen in der Gegenwart. Wenn wir uns in Momenten der Unverbundenheit bei unserem Liebesmenschen nicht sicher geborgen fühlen, wechseln wir automatisch in den Bewältigungsmodus, den wir als Kind verinnerlicht haben. Sobald wir merken, dass die im 1. Kapitel dieses Arbeitsbuches beschriebenen brennenden Gefühle in uns auffallen, die uns signalisieren, dass unsere Verbindung in Gefahr ist, versuchen wir automatisch, sie auszublenden. Wir flüchten uns in Rationalisierungen und lenken uns mit Aktivitäten ab. Das Vermeiden dieser Emotionen wird zum Selbstzweck dieses Distanzierungstanzes.

FRAGEBOGEN: Erstarre oder fliehe ich?

Markieren Sie bei jeder der folgenden Aussagen *Oft*, *Manchmal* oder *Nie*:

	Oft	Manchmal	Nie
Mein Vermeidungsverhalten setzt automatisch ein, ohne dass ich es mir aussuche. Ich denke gar nicht darüber nach.	☐	☐	☐
Rückblickend denke ich, dass ich in einem kalten und distanzierten Zuhause aufgewachsen bin.	☐	☐	☐
Weil ich mich nicht abgelehnt fühlen möchte, mauere ich mich ein, nicht nur in meiner Beziehung, sondern in vielen Lebensbereichen, in denen ich mich verwundbar fühle.	☐	☐	☐
Ich mache ein Hobby daraus, mich selbst zu geißeln, weil ich mich insgeheim über meine Beziehungsunfähigkeit schäme.	☐	☐	☐
Ich hungere nach Aufmerksamkeit von jedem, der/die nicht mein*e Partner*in ist, einschließlich meiner Kinder und Haustiere.	☐	☐	☐
Ich denke, mein*e Partner*in hat etwas Besseres als mich verdient.	☐	☐	☐

Eine Übung in Introspektion

Kommt Ihnen das Muster Erstarren und Fliehen bekannt vor? Falls es sich so verhält: Wo haben Sie gelernt, Ihr Bedürfnis nach emotionaler Verbundenheit zu ignorieren und beiseitezuschieben? Wer hat es Ihnen beigebracht? Wann fühlen Sie sich besonders einsam?

Partner*in 1:

Partner*in 2:

Können Sie es wagen, über Ihre Antworten auf diese Fragen mit Ihrem Partner/Ihrer Partnerin zu sprechen? Können Sie ihm/ihr ein bestimmtes Signal nennen, das den Distanzierungstanz in Gang setzt? Vielleicht ist es kaum mehr als eine Bagatelle, ein Wegdrehen des Kopfes in einem bestimmten Moment oder die Vermeidung des Blickkontakts, wenn Sie etwas sagen.

Partner*in 1:

Partner*in 2:

Können Sie präzise erkennen, wie Sie Ihre*n Partner*in zurückstoßen oder es für ihn/sie gefährlich machen, sich Ihnen zu nähern?

Partner*in 1:

Partner*in 2:

Wie rechtfertigen Sie es vor sich selbst, wenn Sie sich emotional zurückgezogen haben, und mit welchen Worten oder Überlegungen hindern Sie sich daran, auf Ihre*n Partner*in zuzugehen? Manchmal signalisieren diese Äußerungen, was Liebe in Ihren Augen ist und wie man sich ihrer Meinung nach in Liebesbeziehungen verhalten sollte – Vorstellungen, die Sie als Kind von Ihren Eltern übernommen haben oder die Ihnen durch Ihre jeweilige Kultur vermittelt worden sind. Manche Menschen lernen beispielsweise Regeln wie: „Wenn Du nichts Nettes sagen kannst, solltest Du gar nichts sagen", oder: „Männer können nun einmal nicht responsiv oder innig sein." Können Sie mit Ihrem Partner / Ihrer Partnerin darüber sprechen?

Partner*in 1:

Partner*in 2:

Listen Sie auf der folgenden Seite all die Dinge auf, die dieser Tanz Ihnen als Paar geraubt hat. Vielleicht haben Sie das Vertrauen verloren, sich auf diese Beziehung verlassen zu können; vielleicht ist Ihnen das Gefühl, für den Anderen etwas Besonderes zu sein, abhandengekommen oder Ihre Fähigkeit, zu spielen und es sich gut gehen zu lassen. Vielleicht bekommen Sie diese ganz besonderen Umarmungen nicht mehr. Was emotionale Nähe bedeutet, erleben wir gewöhnlich, wenn wir uns in jemanden verlieben und die Verliebtheit uns Mut macht, jedes Risiko mit ihm/ihr einzugehen. Diese Momente bleiben uns in Erinnerung, ebenso wie unsere Hoffnungen und Sehnsüchte. Reflektieren Sie, wie dieser zerstörerische Tanz sie untergraben konnte.

Liste der Dinge, die wir verloren haben

Halten wir fest

Suche den Bösewicht

Zweck: Selbstschutz

- Angriffsmuster
- Beide Partner*innen machen einander Vorwürfe und weisen sich gegenseitig Schuld zu.

Protestpolka

Zweck: Eine Reaktion zu erhalten, die Verbindung schafft und beruhigt

- Ein*e Partner*in verhält sich fordernd und protestiert aktiv gegen die Unverbundenheit; der / die Andere zieht sich zurück und protestiert schweigend gegen die unausgesprochene Kritik.
- Beide Partner*innen sind unfähig, die Signale des / der Anderen wahrzunehmen.

Erstarren und fliehen

Zweck: Selbstschutz und Verleugnung

- Folgt oft auf die Protestpolka, wenn der / die verfolgende, kritische (fordernde) Partner*in nicht länger versucht, die Aufmerksamkeit des / der Anderen zu gewinnen, sondern aufgibt und verstummt.
- Keine emotionale Verbundenheit

3. Gespräch Nr. 2: Die wunden Punkte finden

Jeder von uns hat seine wunden Punkte. Ich definiere sie als eine Überempfindlichkeit, die sich in einer früheren oder aktuellen Beziehung in Situationen entwickelt hat, in denen ein Bindungsbedürfnis wiederholt vernachlässigt, ignoriert oder bagatellisiert wurde. Solche Erfahrungen bewirken, dass der Betroffene sich *emotional vernachlässigt* oder *im Stich gelassen* fühlt – Gefühle, für die alle Liebenden anfällig sind.

Häufig sind solche Empfindlichkeiten durch Verletzungen in Beziehungen zu wichtigen Menschen aus unserer Vergangenheit entstanden, insbesondere in der Beziehung zu unseren Eltern, die uns quasi das Grundmuster der Liebesbeziehung vermitteln, in der Beziehung zu Geschwistern und anderen Angehörigen und natürlich zu früheren und aktuellen Liebespartner*innen. Zum Beispiel fielen meinem Mann neulich fast die Augen zu, als ich ihm etwas erzählen wollte. Ich ging an die Decke! John war müde und infolgedessen unaufmerksam, aber ich fühlte mich sofort in die Zeit mit einem Expartner zurückversetzt, der jedes Mal, wenn ich ein ernstes Gespräch mit ihm führen wollte, einschlief – eine nicht eben subtile Form des Rückzugs, quasi ein Aussteigen aus der Beziehung. Diese Erfahrung hat meine Wachsamkeit extrem geschärft – plötzliche Schläfrigkeit signalisiert mir die Gefahr, emotional verlassen zu werden.

Wir suchen uns diese Verletzlichkeit nicht aus. Unser Gehirn reagiert auf Signale unseres Partners / unserer Partnerin, die uns Sicherheit oder aber Gefahr vermitteln, denn die Verbindung mit anderen Menschen, die für uns etwas Besonderes sind, ist der Schlüssel zum Überleben. Der Überlebenstrieb erklärt, weshalb wir solche Ängste wie einen leichten Schlag in die Magengrube erleben. Auf dem Feld der Liebesbeziehungen ist jeder verletzlich. Wir können aber selbst entscheiden, wie wir damit umgehen.

Wenn Sie sich mit Ihrem Partner / Ihrer Partnerin immer wieder in einem Teufelsdialog verstricken, können Sie darauf wetten, dass dieser durch Ihrer beider Bemühungen, den Schmerz zu bewältigen, den Ihre wunden Punkte Ihnen bereiten, in Gang gehalten wird. Leider ist es so, dass solche empfindlichen Stellen fast zwangsläufig einen wunden Punkt Ihres Partners / Ihrer Partnerin reizen und umgekehrt. Das heißt, wenn Sie an einen wunden Punkt Ihres Liebesmenschen rühren, wird seine Reaktion genauso schmerzhaft einen wunden Punkt in Ihnen selbst treffen.

Je sicherer Paare gebunden sind, desto offener können sie über diese Verletzlichkeiten sprechen. Sie lernen, einander zu helfen, damit umzugehen und können einander trösten. Jedes Mal, wenn dies geschieht, wird ihre Beziehung sicherer und das Vertrauen tiefer. Wenn sie dazu aber nicht imstande sind, werden die Partner*innen, sobald ein wunder Punkt gereizt wird, entweder wütend oder sie ziehen sich zurück und verstricken sich in Teufelsdialoge. Solche Interaktionen machen die wunden Punkte immer schmerzhafter und halten die Teufelsdialoge endlos in Gang.

Prüfen Sie, ob Ihnen die folgenden universellen wunden Punkte bekannt vorkommen:

- ☐ das Gefühl, tröstenden Kontakt zu vermissen,
- ☐ das Gefühl, Aufmerksamkeit und sichere Verbundenheit zu vermissen,
- ☐ das Gefühl, im Stich gelassen zu werden, wenn mein*e Partner*in nicht auf mein Bedürfnis nach Nähe reagiert,
- ☐ das Gefühl, abgelehnt zu werden, wenn er / sie mir signalisiert, dass ich unerwünscht und eine Enttäuschung bin.

Wunden Punkten liegen alte Verletzungen zugrunde, zu denen es auch in Beziehungen kommt, die im Großen und Ganzen glücklich sind. Wunde Punkte markieren verletzliche Stellen, Wunden, die uns in der Vergangenheit zugefügt wurden. Sie repräsentieren Ängste, die ohne Weiteres getriggert werden können. Wird ein wunder Punkt gereizt, sendet er ein Gefahrensignal, und wir werden augenblicklich von Angst überflutet. Wunde Punkte können in entscheidenden Übergangsphasen oder Krisen zu schmerzen beginnen – zum Beispiel wenn wir Eltern werden, erkranken oder unsere Arbeit verlieren. Vielleicht hat Ihre Mutter Sie, als Sie klein waren und sich trostsuchend an Sie gewandt haben, als „albern" bezeichnet. Dann ist es mehr als wahrscheinlich, dass Sie heute von dem gleichen Unsicherheitsgefühl erfasst werden, wenn jemand Ihr Verhalten als „albern" abtut. Wunde Punkte können sich auch entwickeln, wenn ein*e Partner*in chronisch gleichgültig zu sein scheint. Dann kann das Gefühl der Verletztheit so überwältigend sein, dass es auch auf belanglose Schwierigkeiten übergreift. Die Weigerung oder das Unvermögen eines Partners / einer Partnerin, auf unsere Bedürftigkeit einzugehen, verletzt unsere emotionale Haut und scheuert sie wund.

3.1 Oberflächliche versus weichere Gefühle: das Narrativ kontrollieren

Gefühle sind *schnell.* Sie erfassen uns innerhalb einer Nanosekunde. Wir müssen uns einen Moment Zeit nehmen, um die weicheren Gefühle wie Kränkung oder Angst überhaupt zu erkennen, die unseren wütenden oder defensiven Reaktionen oder auch unserem Rückzug zugrunde liegen. Wird ein wunder Punkt gereizt, verlieren wir das Gleichgewicht und geraten in Verwirrung. Blitzschnell erfassen uns wechselnde Gefühle, die oft (vor allem in den Augen Ihres Partners / Ihrer Partnerin) keinen Sinn zu ergeben scheinen. Ihre Reaktionen auf Ihren Partner / Ihre Partnerin wechseln und der Beziehungstanz verändert sich.

Sobald dies geschieht, reagieren wir auf ein Bindungssignal, das uns über den Sicherheitsgrad in unserer Paarbeziehung informiert. Unser Körper reagiert alarmiert, und in Gedanken lassen wir alle nur erdenklichen desaströsen Konsequenzen für uns und unsere Beziehung Revue passieren (Katastrophendenken). Daraufhin werden wir uns (oft aggressiv) unserem Partner / unserer Partnerin annähern oder uns distanzieren. Für gewöhnlich nehmen wir lediglich unsere sekundäre Reaktion auf die Verunsicherung wahr – ein defensives Erstarren und Abblocken (Rückzug) oder ein wütendes Um-sich-Schlagen (Forderung). Unter diesen äußerlich an der *Oberfläche* sichtbaren Gefühlen verbergen sich aber die aufschlussreichen *weicheren Gefühle.* Sobald wir gelernt haben, sie zu identifizieren, können wir sie unserem Partner / unserer Partnerin präziser und ruhiger beschreiben und auf diese Weise Verständnis und Vertrauen vertiefen.

Zwei Anzeichen signalisieren Ihnen, dass Ihr wunder Punkt oder die empfindliche Stelle Ihres Partners / Ihrer Partnerin schmerzhaft gereizt wurde. Erstens vollzieht sich von einer Sekunde zur nächsten ein radikaler Wandel der emotionalen Stimmung Ihres Gesprächs. Soeben haben Sie sich noch gemeinsam amüsiert, und plötzlich verliert einer von Ihnen die Fassung, bekommt einen Wutausbruch oder zieht sich schweigend und abweisend zurück. Sie verlieren das innere Gleichgewicht. Es fühlt sich an, als seien die Spielregeln quasi hinter Ihrem Rücken verändert worden. Der verletzte Partner / die verletzte Partnerin sendet neue Signale aus, und der / die Andere versucht, die Veränderung zu begreifen.

Zweitens wirkt die Reaktion auf einen vermeintlichen Angriff oft unverhältnismäßig heftig. Vielleicht hat sich ein Vorhaben zerschlagen oder die Aufmerksamkeit Ihres Partners / Ihrer Partnerin wird gerade von etwas anderem in Anspruch genommen, und schon wächst sich die Situation zu einer verheerenden Katastrophe aus.

Die meisten Menschen haben Angst, ihre wunden Punkte offenzulegen, denn sie befürchten, vom Anderen kontrolliert, willkürlich verletzt oder als schwächlich verachtet zu werden. Das Problem besteht darin, dass unsere Partner*innen auf unsere Verletzungen und Ängste nicht angemessen reagieren können, wenn wir sie nicht aussprechen. Es kostet Mut, seine empfindlichsten Gefühle zu offenbaren. Wir werden solche weichen Gefühle im Folgenden identifizieren und lernen, über Verletzlichkeit und wunde Punkte zu sprechen und sie so zu beschreiben, dass Ihr*e Partner*in sie verinnerlichen und künftig berücksichtigen kann.

CHECKPOINT

Wird ein wunder Punkt gereizt, ...

... ändert sich die emotionale Stimmung schlagartig.
... wirkt die Reaktion möglicherweise unverhältnismäßig heftig – selbst in Ihren eigenen Augen!
... haben Sie vielleicht das Gefühl, Ihr inneres Gleichgewicht zu verlieren – Sie wechseln in den Überlebensmodus – eine Spirale ist in Gang gekommen.
... fehlt Ihnen oft die Orientierung – Sie verlieren die Kontrolle – Ihre Gefühle ängstigen Sie oder signalisieren Scham.

Wunde Punkte zu verstehen und angemessen mit ihnen umzugehen, ist entscheidend dafür, die Teufelsdialoge in Momenten der Unverbundenheit durchbrechen zu können.

ARBEITSBLATT: Die Reizung eines wunden Punktes erkennen

Rufen Sie sich einen Moment in Erinnerung, in dem Ihr wunder Punkt gereizt wurde. Sind Sie in die Defensive gegangen, als Ihr*e Partner*in Sie gefragt hat, weshalb Sie Geld von der Bank abgehoben haben? Oder haben Sie ihn / sie beschimpft, weil eine Bitte, die Sie geäußert hatten, auf taube Ohren traf? Oder fielen ihm / ihr die Augen zu, was Sie, so wie ich in meinem Beispiel, als Zeichen von Desinteresse und Gleichgültigkeit interpretiert haben? Was passierte in Ihrem Körper? Haben Sie sich benommen gefühlt, distanziert, ist Ihnen heiß geworden? Bekamen Sie Atemnot, ein Engegefühl in der Brust? Haben Sie sich klein, leer, zittrig oder den Tränen nahe gefühlt? Wurde Ihnen kalt?

Eine Klientin sagte: „Ich habe mich wahnsinnig aufgeregt und mich verhalten wie eine Katze, die man in einen Bottich mit Wasser geworfen hat. Mein Partner sieht nur meine wahnsinnige Wut, aber tief im Innern fühle ich mich zittrig und verängstigt.“

Wie hat Ihr Gehirn all dies interpretiert? Was haben Sie in der Situation zu sich selbst gesagt? Haben Sie eine Katastrophe daraus gemacht?

Ein Klient drückte es so aus: „Innerlich habe ich zu mir gesagt: ‚Sie verurteilt mich.'"

Partner*in 1:

Überlegen Sie, welches Signal Sie getriggert hat und wie Ihre erste Reaktion aussah. War dies die Emotion, die Sie tatsächlich empfunden haben?

Innerlich habe ich mir gesagt:

____

____

Was haben Sie dann getan? Wie haben Sie sich verhalten? Haben Sie gebrüllt, Ihrem Partner / Ihrer Partnerin Vorwürfe gemacht, oder sind Sie aus dem Zimmer gegangen? Sie können sagen: „Ich habe geschrien und gebrüllt", „Ich habe das Haus verlassen", oder: „Ich habe die Küchenrolle nach ihm / ihr geworfen." Ergänzen Sie:

Ich ____

____ .

Verbinden Sie all diese Elemente miteinander, indem Sie die Lücken in den folgenden Aussagen ausfüllen:

In dieser Situation gab mir der Trigger das Gefühl ____________________ .

Oberflächlich habe ich wahrscheinlich ____________________ gezeigt.

Doch tief im Innern fühlte ich ____________________

(wählen Sie eine der negativen Basisemotionen, z. B. *Traurigkeit, Wut, Scham, Furcht*).

Wonach ich mich sehnte, war ____________________ .

Die entscheidende Botschaft, die ich über unsere Bindung, über mich oder über meine Liebe

bekommen habe, war ____________________ .

Partner*in 2:

Überlegen Sie, welches Signal Sie getriggert hat und wie Ihre erste Reaktion aussah. War dies die Emotion, die Sie tatsächlich empfunden haben?

Innerlich habe ich mir gesagt:

____

____

Was haben Sie dann getan? Wie haben Sie sich verhalten? Haben Sie gebrüllt, Ihrem Partner / Ihrer Partnerin Vorwürfe gemacht, oder sind Sie aus dem Zimmer gegangen? Sie können sagen: „Ich habe geschrien und gebrüllt", „Ich habe das Haus verlassen", oder: „Ich habe die Küchenrolle nach ihm / ihr geworfen." Ergänzen Sie:

Ich ____

____ .

Verbinden Sie all diese Elemente miteinander, indem Sie die Lücken in den folgenden Aussagen ausfüllen:

In dieser Situation gab mir der Trigger das Gefühl ____________________ .

Oberflächlich habe ich wahrscheinlich ____________________ gezeigt.

Doch tief im Innern fühlte ich ____________________

(wählen Sie eine der negativen Basisemotionen, z. B. *Traurigkeit, Wut, Scham, Furcht*).

Wonach ich mich sehnte, war ____________________ .

Die entscheidende Botschaft, die ich über unsere Bindung, über mich oder über meine Liebe bekommen habe, war ____________________ .

Eine Übung in Introspektion

Weil unsere Ängste und Bindungsmuster aus früheren Beziehungen stammen, sind Sie vielleicht nicht bereit oder nicht fähig, Ihre wunden Punkte zu benennen. Bei dieser Übung sollten Sie sich Zeit nehmen, um jeder für sich darüber nachzudenken, wie sich Ihre wunden Punkte entwickelt haben. Sie könnten zum Beispiel einen Spaziergang machen, damit niemand Sie ablenkt und Sie sich ganz auf sich konzentrieren können. Notieren Sie unten Ihre Erinnerungen und Gefühle im Zusammenhang mit Ihrem wunden Punkt. Vielleicht brauchen Sie ein paar Tage, denn Sie öffnen Türen zu Orten und Menschen, hinter denen Sie die Tür vor langer Zeit geschlossen haben oder geschlossen zu haben glaubten, doch nun sind sie zurückgekommen und stiften Unruhe in Ihrer Beziehung.

Denken Sie über die folgenden Aussagen nach und notieren Sie Ihre Antworten, um zu lernen, Ihren wunden Punkt zu identifizieren und zu benennen.

Ihre Lebensgeschichte: Hat sich Ihr wunder Punkt in Ihrer Beziehung zu Ihren Eltern, Geschwistern, in einer früheren Liebesbeziehung oder vielleicht in den Freundschaftsbeziehungen Ihrer Jugendzeit entwickelt? Oder ist diese wunde Stelle in Ihrer gegenwärtigen Beziehung entstanden?

Ihr*e Partner*in: Nimmt Ihr*e Partner*in diese Verwundbarkeit Ihrer Meinung nach in Ihnen wahr? Oder registriert er/sie lediglich die reaktiven oberflächlichen Gefühle oder Verhaltensweisen?

Und umgekehrt: Können Sie einen der wunden Punkte Ihres Partners/Ihrer Partnerin benennen? Wissen Sie genau, wodurch Sie ihn/sie reizen können?

3.2 Wunde Punkte angemessen zeigen

Wir wünschen uns, dass unsere Liebespartner*innen auf unsere Verletzung eingehen, und sind auf diese Anteilnahme angewiesen. Voraussetzung ist jedoch, dass wir unsere wunden Punkte nicht verbergen. Machen Sie es Ihrem Partner / Ihrer Partnerin womöglich unmöglich, Ihnen nahe zu kommen? Sie werden nie eine starke, sichere Verbundenheit aufbauen können, wenn Sie nicht zulassen, dass der Mensch, der Sie liebt, all Ihre Seiten kennenlernt, oder wenn ihm dies womöglich widerstrebt. Mithilfe der folgenden Aussagen können Sie klären, ob Sie Ihre*n Partner*in durch Ihr Verhalten auf Distanz halten, um Ihre wunden Punkte zu schützen.

Markieren Sie jede der folgenden Aussagen als richtig oder falsch

	Richtig	Falsch
1. Mir ist bewusst, dass ich mich an meine Wut klammere, weil es mir leichter fällt, dieses Gefühl auszudrücken.	☐	☐
2. Ich habe Angst zu weinen, weil ich dann möglicherweise nicht wieder aufhöre.	☐	☐
3. Wenn ich über meinen wunden Punkt oder meine weicheren Gefühle spreche, liefere ich meinem Partner / meiner Partnerin womöglich Munition, die er / sie gegen mich benutzen kann, oder ich öffne mich so sehr, dass er / sie dies ausnutzen könnte.	☐	☐
4. Sich gekränkt zu fühlen, ist Zeitverschwendung. Es hilft niemandem.	☐	☐
5. Wenn ich gekränkt bin, mache ich mich selbst klein, und dafür habe ich keine Zeit.	☐	☐
6. Ich fürchte, dass mein*e Partner*in mich unattraktiv findet, wenn ich Schwäche zeige.	☐	☐
7. Wenn mein*e Partner*in signalisiert, dass es ihm / ihr nicht gut geht, fühle ich mich oft überfordert und ignoriere ihn / sie, statt auf ihn / sie einzugehen.	☐	☐

ARBEITSBLATT: Die wunden Punkte finden

Notieren Sie jeder für sich Ihre Antworten auf die folgenden Fragen, um Ihre wunden Punkte zu finden.

Partner*in 1:

Identifizieren Sie einen bestimmten Moment während eines Streits oder einer Phase der Distanzierung, in dem Sie sich plötzlich verwundbarer gefühlt haben oder plötzlich auf der Hut waren.

Notieren Sie den negativsten Gedanken, der Ihnen dabei durch den Kopf ging. Erinnern Sie sich an den schlimmsten, verheerendsten Gedanken über Ihre*n Partner*in, über sich selbst und Ihre Beziehung, den Sie in diesem Moment hatten. (Zum Beispiel: *Er/sie interessiert sich gar nicht für mich. Ich kann es ihm/ihr ohnehin nie recht machen. Wir stehen vor der Trennung.*)

Wählen Sie das Wort, das die weicheren Gefühle (tieferen Emotionen) am besten beschreibt, die Ihnen in Bezug auf jenen Moment einfallen (Zum Beispiel: verängstigt, unzulänglich, unfähig, beschämt, isoliert). In Bezug auf Sie selbst wird Ihnen wahrscheinlich ein Wort einfallen, das Ihre Angst um sich selbst oder um Ihre*n Partner*in bezeichnet und Ihre Befürchtung, was er / sie Ihnen gegenüber empfinden mag, beschreibt.

In diesem Moment der Unverbundenheit fühlte ich tief im Innern

Haben Sie in jener Situation gezeigt, was Sie fühlten? Falls nicht: Welche Gefühle haben Sie gezeigt? (Wenn wir uns unsicher fühlen, zeigen wir zumeist Wut, Frustration oder gar kein Gefühl.)

Was haben Sie aus der Beantwortung dieser Fragen gelernt?

Partner*in 2:

Identifizieren Sie einen bestimmten Moment während eines Streits oder einer Phase der Distanzierung, in dem Sie sich plötzlich verwundbarer gefühlt haben oder plötzlich auf der Hut waren.

Notieren Sie den negativsten Gedanken, der Ihnen dabei durch den Kopf ging. Erinnern Sie sich an den schlimmsten, verheerendsten Gedanken über Ihre*n Partner*in, über sich selbst und Ihre Beziehung, den Sie in diesem Moment hatten. (Zum Beispiel: *Er/sie interessiert sich gar nicht für mich. Ich kann es ihm/ihr ohnehin nie recht machen. Wir stehen vor der Trennung.*)

Wählen Sie das Wort, das die weicheren Gefühle (tieferen Emotionen) am besten beschreibt, die Ihnen in Bezug auf jenen Moment einfallen (Zum Beispiel: verängstigt, unzulänglich, unfähig, beschämt, isoliert). In Bezug auf Sie selbst wird Ihnen wahrscheinlich ein Wort einfallen, das Ihre Angst um sich selbst oder um Ihre*n Partner*in bezeichnet und Ihre Befürchtung, was er / sie Ihnen gegenüber empfinden mag.

In diesem Moment der Unverbundenheit fühlte ich tief im Innern

Haben Sie in jener Situation gezeigt, was Sie fühlten? Falls nicht: Welche Gefühle haben Sie gezeigt? (Wenn wir uns unsicher fühlen, zeigen wir zumeist Wut, Frustration oder gar kein Gefühl.)

Was haben Sie aus der Beantwortung dieser Fragen gelernt?

Füllen Sie die Lücken in den folgenden Aussagen aus und besprechen Sie sie mit Ihrem Partner/Ihrer Partnerin.

Partner*in 1:

Wenn wir uns in unseren Teufelsdialog verstricken, zeige ich Dir oft ______________________

____,

aber tief im Innern fühle ich ____.

Für mich fühlt es sich ____ an,

Dir dies jetzt zu sagen. Wenn Du mir helfen möchtest, mit diesem Gefühl umzugehen,

könntest Du ____

____.

Partner*in 2:

Wenn wir uns in unseren Teufelsdialog verstricken, zeige ich Dir oft ______________________

____,

aber tief im Innern fühle ich ____.

Für mich fühlt es sich ____ an,

Dir dies jetzt zu sagen. Wenn Du mir helfen möchtest, mit diesem Gefühl umzugehen,

könntest Du ____

____.

ARBEITSBLATT: Die Gefühle unter der Oberfläche identifizieren

Wenn wir uns verletzlich fühlen, bringen unser Verhalten und unsere Worte oft nicht das zum Ausdruck, worum es eigentlich geht. Die Schwarzmalerei und die überempfindlichen oder reflexhaften Reaktionen, die wir äußerlich zeigen, werden als *Oberflächengefühle* bezeichnet. Darunter aber lauert reale Furcht, und deshalb kann die Identifizierung unserer *weicheren Gefühle* – die unter der Oberfläche dessen, was wir tun und sagen, liegen – uns dabei helfen, einander unsere Ängste effektiver mitzuteilen. Ein Mensch, der nach außen Feindseligkeit zeigt, kann sich tief im Innern ignoriert fühlen (weicheres Gefühl); und jemand, der sich, oberflächlich betrachtet, überangepasst verhält, ist innerlich womöglich tief gekränkt (weicheres Gefühl). Oft sagt das oberflächliche Gefühl das eine, meint aber das andere.

Können Sie einen wiederkehrenden Moment benennen, in dem für Sie die Alarmglocken schrillen? Welches Oberflächengefühl zeigen Sie dann normalerweise? Welches weichere Gefühl taucht darunter auf?

Markieren Sie die weicheren Gefühle.

In Momenten der Unverbundenheit fühle ich mich tief im Innern:

einsam	nicht wahrgenommen
unwichtig	hilflos
verängstigt	verletzt
hoffnungslos	eingeschüchtert
panisch	abgelehnt
unzulänglich	traurig
nichtsnutzig	schamerfüllt
verloren	verwirrt
isoliert	im Stich gelassen
überfordert	ungewollt
verletzlich	besorgt / zittrig

Partner*in 1:

In diesen Momenten ist mein verletzlichstes Gefühl ________________________________

____

____

und mein schlimmster (verheerendster) Gedanke ist ________________________________

____

____

(beispielsweise: *Du willst die Trennung, du wirst mich betrügen, ich werde für dich nicht mehr attraktiv sein.*)

Partner*in 2:

In diesen Momenten ist mein verletzlichstes Gefühl ________________________________

____

____

und mein schlimmster (verheerendster) Gedanke ist ________________________________

____

____

(beispielsweise: *Du willst die Trennung, du wirst mich betrügen, ich werde für dich nicht mehr attraktiv sein.*)

Wenn Sie diese Übung allzu schwierig finden, versuchen Sie, Ihrer Partnerin / Ihrem Partner mitzuteilen, wie sehr solche Geständnisse Sie verunsichern.

Können Sie sich an eine Zeit erinnern, in der Sie über Ihre Verletzlichkeit oder über eine Kränkung mit Ihrem Partner / Ihrer Partnerin gesprochen haben und er / sie auf hilfreiche Weise reagierte, sodass ein Gefühl der Nähe entstand? Welcher Aspekt seines / ihres Verhaltens machte den Unterschied aus? Vielleicht hat er / sie Sie umarmt oder mit einem besonderen Kosenamen angesprochen?

Partner*in 1:

Partner*in 2:

Können Sie gemeinsam eine typische Interaktion aus der nicht allzu fernen Vergangenheit benennen, in der Sie sich beide unverbunden gefühlt und sich am Ende in einen Teufelsdialog verstrickt haben? Wer von Ihnen heizte die Situation weiter an? Wer versuchte, die Erregtheit zu dämpfen, indem er Oberflächenreaktionen zeigte, um starke Emotionen zu vermeiden? Denken Sie sich eine Formulierung aus, die beschreibt, wie Sie gewöhnlich mit Ihrer Partnerin / Ihrem Partner umgehen (z. B. sich kurz angebunden zeigen, in den Streitmodus wechseln, weglaufen und verstecken).

Partner*in 1:

Meine Formulierung:

Partner*in 2:

Meine Formulierung:

Wenn Sie gewohnheitsmäßig auf diese Weise reagieren, war dies wahrscheinlich die einzige Option, die Sie in früheren Beziehungen gehabt haben. Wie hat Ihnen dieser Umgang mit Gefühlen in der Vergangenheit geholfen, die wichtigsten Beziehungen in Ihrem Leben aufrechtzuerhalten? Hat Ihre Strategie Ihnen vielleicht geholfen, die Aufmerksamkeit eines geliebten Menschen zu gewinnen oder ihn dazu zu bewegen, sich weniger ablehnend oder unresponsiv zu verhalten?

Partner*in 1:

Partner*in 2:

Haben Sie Ihre Aufmerksamkeit in jener gemeinsamen Interaktion ausschließlich auf die reaktiven Oberflächengefühle konzentriert oder konnten Sie nach und nach tiefere, weichere Gefühle erforschen und in Worte fassen? Bewerten Sie die folgenden Aussagen auf einer Skala von 1 bis 5. 1 bedeutet, dass Sie der Aussage überhaupt nicht zustimmen, 5 bedeutet, dass Sie ihr vorbehaltlos zustimmen. Tauschen Sie sich mit Ihrem Partner/Ihrer Partnerin über Ihre Antworten aus.

Partner*in 1:

Stimme nicht zu/stimme zu (kreuzen Sie eine Ziffer an)

1 2 3 4 5 Ich möchte jetzt sofort über meine verletzlicheren Gefühle sprechen.

1 2 3 4 5 Ich bekomme Angst, wenn ich mir vorstelle, über diese Gefühle zu sprechen.

1 2 3 4 5 Ich fand es erleichternd, dass du deine Emotion offen benannt hast.

Partner*in 2:

Stimme nicht zu/stimme zu (kreuzen Sie eine Ziffer an)

1 2 3 4 5 Ich möchte jetzt sofort über meine verletzlicheren Gefühle sprechen.

1 2 3 4 5 Ich bekomme Angst, wenn ich mir vorstelle, über diese Gefühle zu sprechen.

1 2 3 4 5 Ich fand es erleichternd, dass du deine Emotion offen benannt hast.

Wenn Sie an jene Interaktion zurückdenken: Können Sie den Trigger identifizieren, der Sie aus dem emotionalen Gleichgewicht gebracht und verunsichert hat? Vielleicht hat Ihr*e Partner*in eine geplante Unternehmung vergessen und den / die Andere/n dadurch veranlasst, die Tür hinter sich zuzuschlagen und allein auszugehen?

Partner*in 1:

Partner*in 2:

Schildern Sie Ihrer Partnerin / Ihrem Partner Ihre schlimmsten Befürchtungen.

Ich kann mir schwer vorstellen, mit Dir über meine weichen Gefühle zu sprechen. Ich fürchte, Folgendes könnte passieren:

Partner*in 1:

Partner*in 2:

Fragen Sie Ihre*n Partner*in, was sie / er empfindet, wenn Sie so offen sprechen. Auf welche Weise hilft sie / er Ihnen, sich genügend sicher zu fühlen, um sich zu öffnen? Wie wirkt sich diese Offenheit in Ihrer beider Augen auf die Beziehung aus?

Partner*in 1:

Partner*in 2:

Können Sie sich gemeinsam eine neue Version jener schwierigen Interaktion ausdenken, mit der Sie diese Übung begonnen haben? Können Sie abwechselnd Ihr Oberflächenverhalten in diesem Tanz beschreiben, aber Ihre weichen Gefühle in Worte fassen? Zum Beispiel: „Ich habe in meinem Tanz dicht gemacht und bin ausgewichen, aber mir war unbehaglich zumute und ich war gereizt", oder: „Ich war sehr verärgert und habe mich abgelehnt gefühlt."

Partner*in 1:

Ich habe mich in dem Tanz bewegt, indem ich ______________________________

____

____,

und dabei empfand ich ____

____

____.

Partner*in 2:

Ich habe mich in dem Tanz bewegt, indem ich ______________________________

____

____,

und dabei empfand ich ____

____

____.

Nun können wir ein wenig tiefer gehen. Versuchen Sie, auch das spezifische Bindungssignal einzubeziehen, das die kraftvollen Emotionen, die Sie in der Liste der weichen Gefühle (S. 65) markiert haben, in Ihnen geweckt hat. Vielleicht war es ein bestimmter Tonfall Ihrer Partnerin / Ihres Partners oder der Gedanke daran, dass sie / er Ihnen keine Geburtstagskarte geschrieben hat. Ergänzen Sie die Sätze um die Gefühle, die Sie oben markiert haben.

Partner*in 1:

Als ich ____

____

____________________________ (Bindungssignal) hörte / sah,

empfand ich ____

____

____________________________________ (weiches Gefühl).

Partner*in 2:

Als ich ____

____

____________________________ (Bindungssignal) hörte / sah,

empfand ich ____

____

____________________________________ (weiches Gefühl).

Drücken Sie sich möglichst einfach und konkret aus. Mehrdeutigkeiten, „große Worte" oder Etikettierungen sind Gesprächen dieser Art nicht zuträglich. Wenn Sie nicht weiterwissen, sprechen Sie miteinander. Gehen Sie gemeinsam zu dem Punkt zurück, an dem noch Klarheit herrschte, und knüpfen Sie dort wieder an.

Nun können wir all diese Elemente miteinander verbinden.

Partner*in 1:

Wenn wir uns in unserem Teufelskreis verfangen und ich ______________________ (setzen Sie ein Verb in die Lücke ein, zum Beispiel *„bedrängen"*), empfinde ich ______________________ *(oberflächlich ersichtliche Emotion)*. Mein Gefühl der Unverbundenheit wird getriggert, wenn ich ______________________ *(Bindungssignal)* sehe / spüre / höre. Auf einer tieferen Ebene empfinde ich ______________________ *(weiches Gefühl)*. Es ist ______________________ (zum Beispiel *schwierig / einfach, lustvoll / beängstigend, sonderbar / tröstlich*), dir das zu sagen. Wenn du mir helfen möchtest, mit diesem Gefühl umzugehen, dann könntest du jetzt ______________________ (zum Beispiel *mich in den Arm nehmen, mir dein Interesse zeigen, sagen, dass du mich liebst.*)

Partner*in 2:

Wenn wir uns in unserem Teufelskreis verfangen und ich ______________________ (setzen Sie ein Verb in die Lücke ein, zum Beispiel *„bedrängen"*), empfinde ich ______________________ *(oberflächlich ersichtliche Emotion)*. Mein Gefühl der Unverbundenheit wird getriggert, wenn ich ______________________ *(Bindungssignal)* sehe / spüre / höre. Auf einer tieferen Ebene empfinde ich ______________________ *(weiches Gefühl)*. Es ist ______________________ (zum Beispiel *schwierig / einfach, lustvoll / beängstigend, sonderbar / tröstlich*), dir das zu sagen. Wenn du mir helfen möchtest, mit diesem Gefühl umzugehen, dann könntest du jetzt ______________________ (zum Beispiel *mich in den Arm nehmen, mir dein Interesse zeigen, sagen, dass du mich liebst.*)

Was hat jeder von Ihnen in dieser Übung über die wunden Punkte des Anderen erfahren? Sprechen Sie miteinander über Ihre Antworten. Dass Sie beide das Risiko eingegangen sind, offen und ehrlich zu sein, ist anerkennenswert.

Partner*in 1:

Partner*in 2:

Trotz aller Aufmerksamkeit können Sie nicht in jeder Interaktion perfekt aufeinander abgestimmt sein. Man übersieht oder überhört Signale, und es gibt Momente, in denen die für Bindungsbeziehungen typische Verletzlichkeit das Geschehen bestimmt. Das Geheimnis besteht darin, die wunden Punkte zu identifizieren und anzuerkennen und dann so auf sie einzugehen, dass die Interaktion nicht in einen Teufelskreis mündet. Im nächsten Kapitel erfahren Sie mehr darüber, wie man mit diesen Bindungsgefühlen arbeiten und die destruktiven Muster, in die wir uns so leicht verstricken, unter Kontrolle bringen kann.

Halten wir fest

- In Liebesbeziehungen ist es immer besser, auch über negative Emotionen miteinander zu sprechen, als Gefühle zu unterdrücken.
- Unsere spontanen, ersten Reaktionen sind zumeist Oberflächengefühle, unter denen sich weichere Gefühle verbergen, die mit den Verletzlichkeiten oder wunden Punkten, die gereizt wurden, zusammenhängen.
- Es ist schwierig, sich auf wunde Punkte abzustimmen, weil unsere Oberflächengefühle uns und unsere Partner*innen von dem, was uns wirklich Angst macht, ablenken.
- Wunde Punkte zu verstehen und zu lernen, mit ihnen umzugehen, ist die Voraussetzung dafür, dass wir den Teufelsdialog in Momenten der Unverbundenheit durchbrechen können.

4. Gespräch Nr. 3: Einen schwierigen Moment rekapitulieren

Alle Paare streiten. Manche Paare können Streitigkeiten beenden und eine andere Richtung einschlagen, weil sie ihre Beziehung zumeist als sicheren Hafen erleben, in dem sie einander liebevoll zugewandt sind. Menschen, die sich in ihrer Beziehung geborgen fühlen, können mit Auseinandersetzungen besser umgehen. Ihnen gelingt es, einen Schritt zurückzutreten und über den Prozess, der sich gerade zwischen ihnen abspielt, nachzudenken. Darüber hinaus können sie sich klarmachen, welchen Beitrag sie selbst zu diesem Prozess leisten. Für Partner*innen, die ohnehin Schwierigkeiten miteinander haben, ist dies weit schwieriger. Sie sind in dem emotionalen Chaos gefangen, das sich an der Oberfläche der Beziehung abspielt, und nehmen sich gegenseitig als Bedrohung, als Feind wahr.

Um das Band wieder knüpfen zu können, müssen Liebende fähig sein, den Konflikt zu deeskalieren und aktiv eine emotionale Grundsicherheit herzustellen. Sie müssen es schaffen, quasi Hand in Hand daran zu arbeiten, ihre negativen Dialoge zu beenden und ihre fundamentale Unsicherheit zu beheben. Vielleicht gelingt es ihnen nicht auf Anhieb, die Nähe herzustellen, nach der sie sich sehnen. Aber ihre Meinungsverschiedenheiten haben nicht länger zur Folge, dass sie automatisch in Teufelsdialoge abdriften. Auch wenn der Andere einen wunden Punkt berührt, reagieren beide nicht mit angsterfüllten Forderungen oder mit Selbstbetäubung und Rückzug. Sie können auch mit der verwirrenden Tatsache besser umgehen, dass derselbe Mensch, den sie lieben und der ihnen ihre Angst zu nehmen vermag, sie in Angst versetzen kann. Kurzum, es fällt ihnen leichter, ihr emotionales Gleichgewicht zu wahren. Damit verfügen sie über eine gute Voraussetzung, um Brüche in der Beziehung zu heilen und eine wirklich liebevolle Verbindung aufzubauen.

CHECKPOINT: Einen schwierigen Moment rekapitulieren

Der Fokus ist:

- sich an die Muster der Teufelsdialoge zu erinnern,
- sich an wunde Punkte zu erinnern,
- Brüche zu heilen,
- aus dem negativen Kreislauf auszusteigen,
- den Kreislauf umzuformulieren, sodass Ihr*e Partner*in nicht länger der Feind ist.

4.1 Der Unverbundenheit Grenzen setzen

Jeder von uns kann sich an ein Drama mit der Partnerin / dem Partner erinnern. Es gibt jedes Mal einen Schlüsselmoment, in dem der Teufelsdialog beginnt und das Gespräch in einen Streit umschlägt, der sich verselbstständigt. Bislang haben wir erläutert, warum und wie dies geschieht, sodass wir nun über die nötigen Instrumente verfügen, um einen neuen Tanz einzuleiten. Hier also die Schritte, die Sie auf den Weg zu größerer Harmonie bringen:

1. **Schritt: Den Tanz erkennen und beenden.** Das bedeutet, statt zu sagen: „Du greifst mich an und verletzt mich“, oder: „Nein, du machst zu und ignorierst mich“, zu erkennen: „Wir sind hier gefangen.“
2. **Schritt: Den eigenen Beitrag anerkennen.** Ebendies haben Sie in den vorangegangenen Kapiteln gelernt, sowohl in „Vor den Gesprächen“ als auch im „1. Gespräch: Die Teufelsdialoge erkennen“. Es ist hilfreich, sich gemeinsam auf Namen zu einigen, um diese Schritte zu bezeichnen.
3. **Schritt: Die eigenen Gefühle anerkennen.** Dies haben Sie im „2. Gespräch: Die wunden Punkte finden“ gelernt. Ich empfehle Ihnen, bei den reaktiven, äußerlich sichtbaren Gefühlen zu beginnen und sich dann den tieferen, weicheren Gefühlen zuzuwenden. Wir können, oberflächlich betrachtet, wütend sein, auf einer tieferen Ebene aber verletzt und gekränkt. Es ist wichtig, sich zu vergegenwärtigen, dass diese Tsunamigefühle Teil der Liebe sind. Wir alle haben mit ihnen zu kämpfen, aber wir können versuchen, sie als unsere eigenen Gefühle anzuerkennen.
4. **Schritt: Den eigenen Einfluss auf die Gefühle des Partners / der Partnerin anerkennen.** Wir üben einen gewaltigen Einfluss auf unsere Partner*innen aus. Den meisten von uns fällt es schwer, sich dies klarzumachen, vor allem wenn unser Liebesmensch uns in der Regel nur Oberflächengefühle zeigt. Für die meisten von uns ist es erleichternd zu wissen, dass wir unsere*n Partner*in beeinflussen, aber natürlich bringt dies auch Verantwortung mit sich. Unser*e Partner*in muss uns dabei helfen. Wir können uns nicht auf Vermutungen verlassen.
5. **Schritt: Die tieferen Emotionen des Partners / der Partnerin erkunden.** Im 2. Gespräch haben Sie begonnen, über Ihre eigenen tieferen Emotionen und die Ihres Partners / Ihrer Partnerin zu sprechen und sie, wenn alles gut ging, zu erforschen. In diesem Kapitel wird es Ihnen hoffentlich leichter fallen, sich auf diesen Vulnerabilitätsprozess einzulassen. Der Rahmen hilft Ihnen zu verstehen, wie die emotionale Landschaft der Liebe beschaffen ist, und benennt die normalen Ängste und Sehnsüchte, die jeder von uns hat.

6. **Schritt: Dem Partner/der Partnerin die eigenen tieferen, weicheren Emotionen schildern.** Es fällt Ihnen nun leichter, die Emotionen anzuerkennen und zu benennen, die Sie durch Teufelsdialoge und wunde Punkte entdeckt haben. Nun können Sie diese Gefühle validieren, indem Sie einen schwierigen Moment rekapitulieren. Je häufiger dies geschieht, desto leichter wird es Ihnen fallen, und die Emotionen werden umso klarer und weniger überwältigend.
7. **Schritt: Zusammenstehen. Dies ist das Endspiel.** Sie finden nun auf den gemeinsamen Boden zurück, selbst wenn es ein emotionales Erdbeben gegeben hat. Dieser gemeinsame Boden dient Ihnen als Sicherheitsgrundlage, als sichere Basis Ihrer Beziehung, auf der Sie, wie Sie im nächsten Kapitel lernen, ein positives Halt-mich-fest-Gespräch führen können. Sie können einander helfen, aus den Teufelsdialogen auszusteigen und sich sicher zu fühlen.

Eine Übung in Introspektion

Rekapitulieren Sie einen schwierigen Moment, in dem Sie sich in Ihren Teufelsdialog verstrickt haben. Orientieren Sie sich an den oben erläuterten Schritten und beschreiben Sie in Form einer Geschichte, wie Sie das Momentum Ihres negativen Kreislaufs unter Kontrolle gebracht und eine sichere Basis geschaffen haben.

4.2 Selbstfürsorge in schwierigen Momenten

Ich nutze dieses 3. Gespräch gewöhnlich als Gelegenheit, um zu prüfen, wie jede*r der beiden Partner*innen bislang mit dem Prozess zurechtkommt. Zu diesem Zeitpunkt haben Paare zumeist genügend Halt-mich-fest-Erfahrung gesammelt, um die Gefühle beurteilen zu können, die sie gegenüber dem / der Anderen, aber vor allem auch in Bezug auf sich selbst empfinden. Ich messe sozusagen ihre Temperatur, indem ich sie frage, ob sie ihren Prozess als ermutigend, als nutzlos oder als befriedigend erleben. In aller Bescheidenheit und gestützt auf wissenschaftliche Erkenntnisse kann ich stolz sagen, dass die Mehrheit dieser Prüfungen positiv ausfällt. Das ist die Magie der EFT – der wissenschafts- und forschungsbasierten Paartherapie. Selbst zu prüfen, kann aber nie schaden!

Mithilfe des folgenden Arbeitsblatts können beide Partner*innen über die bislang geleistete Arbeit nachdenken, ihre Gefühle beurteilen und sich miteinander über ihre Gedanken austauschen. Selbst wenn Ihre Antworten weniger ermutigend ausfallen als erhofft, sollten Sie die Gelegenheit nutzen, immer wieder miteinander darüber zu sprechen. Kein Aspekt dieser Arbeit ist vergebens, selbst wenn es Ihnen im Moment so erscheinen mag; jeder Aspekt kann Ihnen bei Ihrer weiteren wichtigen Erkundung Ihrer Bedürfnisse, Ihrer Ängste und Ihrer beider Bindung von Nutzen sein.

ARBEITSBLATT: Die Temperatur Ihrer Halt-mich-fest-Reise messen

Partner*in 1:

Wie fühlen Sie sich? (Hatten Sie z. B. schon beim Aufwachen eine dunkle Vorahnung? Sind Sie erfrischt aufgewacht? Sind Sie wegen irgendetwas aufgeregt oder freuen Sie sich darauf, etwas Bestimmtes zu tun oder jemanden zu sehen?)

Wenn Sie niedergeschlagen oder glücklich sind – womit hängt dieses Gefühl zusammen? (Zum Beispiel: „Ich freue mich, weil es mich glücklich gemacht hat, dass ich meine*n Partner*in seit langer Zeit zum ersten Mal wieder beim Aufwachen im Arm hielt.")

Was funktioniert *nicht* für Sie? (Zum Beispiel: „Ich kann mit dem von mir erwarteten Arbeitstempo nicht mithalten.")

Was funktioniert für Sie? (Zum Beispiel: „Um Hilfe zu bitten" oder: „Ein romantischer Abend mit meinem Lebensmenschen.")

Worauf sind Sie stolz? (Zum Beispiel: „In dieser Woche habe ich einen Streit entschärft" oder: „Das Zusammensein war unbeschwert und fühlte sich ganz natürlich an.")

Womit sind Sie gedanklich zurzeit beschäftigt? (Zum Beispiel: „Mit dem bevorstehenden Übernachtungsbesuch einer Verwandten" oder: „Mit einer Deadline auf der Arbeit" oder: „Mit dem Geburtstagsgeschenk für meinen Lebensmenschen.")

Haben Sie das Gefühl, in einem langweiligen Trott festzustecken? Falls ja – warum?

Können Sie heute oder in dieser Woche eine Gelegenheit finden, es sich gut gehen zu lassen? (Zum Beispiel: Zur Massage gehen, mit Ihrem Kind malen oder wie in alten Zeiten stundenlang mit einer Freundin / einem Freund telefonieren.)

Ist Ihnen in dieser Woche ein Fehler oder Missgeschick unterlaufen, aus dem Sie etwas lernen können? Was haben Sie gelernt? Können Sie dankbar für den Fehler sein und die Lektion als eine Bereicherung Ihres Lebens begreifen? (Vielleicht haben Sie jemand Anderen durch einen Witz verletzt, ohne es zu wollen, oder den Stress Ihres Partners / Ihrer Partnerin nicht aufmerksam gewürdigt.)

Was inspiriert Sie? (Zum Beispiel: Ein Sonnenuntergang, Ihr Haustier, ein Buch über eine Heldin der Gegenwart?)

Was können Sie sich selbst verzeihen? (Vielleicht können Sie zu sich selbst sagen, dass auch ein kränkender Witz kein Verbrechen ist, solange keine böse Absicht dahintersteckt und man etwas daraus lernt.)

Wofür können Sie sich selbst Danke sagen? (Vielleicht haben Sie heute Freiwilligenarbeit geleistet oder Ihren Liebesmenschen durch ein zärtliches Wort glücklich gemacht.)

Folgen Sie irgendjemandem in sozialen Medien, der Sie verunsichert, Ihnen das Gefühl gibt, nicht zu genügen, oder sich generell schlecht über Sie selbst, Ihre Beziehung oder Ihre Familie äußert?

Was wird Ihnen mittlerweile lästig? Wie können Sie Abhilfe schaffen? (Vielleicht haben Sie Ihr Abendritual satt oder möchten sich einer toxischen Freundin nicht länger aussetzen. Können Sie ein neues Ritual entwickeln oder Menschen, die Negativität verbreiten, Grenzen aufzeigen?)

Partner*in 2:

Wie fühlen Sie sich? (Hatten Sie z. B. schon beim Aufwachen eine dunkle Vorahnung? Sind Sie erfrischt aufgewacht? Sind Sie wegen irgendetwas aufgeregt oder freuen Sie sich darauf, etwas Bestimmtes zu tun oder jemanden zu sehen?)

Wenn Sie niedergeschlagen oder glücklich sind – womit hängt dieses Gefühl zusammen? (Zum Beispiel: „Ich freue mich, weil es mich glücklich gemacht hat, dass ich meine*n Partner*in seit langer Zeit zum ersten Mal wieder beim Aufwachen im Arm hielt.")

Was funktioniert *nicht* für Sie? (Zum Beispiel: „Ich kann mit dem von mir erwarteten Arbeitstempo nicht mithalten.")

Was funktioniert für Sie? (Zum Beispiel: „Um Hilfe zu bitten“ oder: „Ein romantischer Abend mit meinem Lebensmenschen.“)

Worauf sind Sie stolz? (Zum Beispiel: „In dieser Woche habe ich einen Streit entschärft“ oder: „Das Zusammensein war unbeschwert und fühlte sich ganz natürlich an.“)

Womit sind Sie gedanklich zurzeit beschäftigt? (Zum Beispiel: „Mit dem bevorstehenden Übernachtungsbesuch einer Verwandten“ oder: „Mit einer Deadline auf der Arbeit“ oder: „Mit dem Geburtstagsgeschenk für meinen Lebensmenschen.“)

Haben Sie das Gefühl, in einem langweiligen Trott festzustecken? Falls ja – warum?

Können Sie heute oder in dieser Woche eine Gelegenheit finden, es sich gut gehen zu lassen? (Zum Beispiel: Zur Massage gehen, mit Ihrem Kind malen oder wie in alten Zeiten stundenlang mit einer Freundin / einem Freund telefonieren.)

Ist Ihnen in dieser Woche ein Fehler oder Missgeschick unterlaufen, aus dem Sie etwas lernen können? Was haben Sie gelernt? Können Sie dankbar für den Fehler sein und die Lektion als eine Bereicherung Ihres Lebens begreifen? (Vielleicht haben Sie jemand Anderen durch einen Witz verletzt, ohne es zu wollen, oder den Stress Ihres Partners / Ihrer Partnerin nicht aufmerksam gewürdigt.)

Was inspiriert Sie? (Zum Beispiel: Ein Sonnenuntergang, Ihr Haustier, ein Buch über eine Heldin der Gegenwart?)

Was können Sie sich selbst verzeihen? (Vielleicht können Sie zu sich selbst sagen, dass auch ein kränkender Witz kein Verbrechen ist, solange keine böse Absicht dahintersteckt und man etwas daraus lernt.)

Wofür können Sie sich selbst Danke sagen? (Vielleicht haben Sie heute Freiwilligenarbeit geleistet oder Ihren Liebesmenschen durch ein zärtliches Wort glücklich gemacht.)

Folgen Sie irgendjemandem in sozialen Medien, der Sie verunsichert, Ihnen das Gefühl gibt, nicht zu genügen oder sich generell schlecht über Sie selbst, Ihre Beziehung oder Ihre Familie äußert?

Was wird Ihnen mittlerweile lästig? Wie können Sie Abhilfe schaffen? (Vielleicht haben Sie Ihr Abendritual satt oder möchten sich einer toxischen Freundin nicht länger aussetzen. Können Sie ein neues Ritual entwickeln oder Menschen, die Negativität verbreiten, Grenzen aufzeigen?)

EFT ist ein fortlaufender Prozess. Es ist nichts, was man in einem Arbeitsbuch nachlesen oder erledigen und dann beiseitelegen kann. Es ist für Sie da, nicht nur in diesem Moment oder in unvermeidlichen, schwierigen Momenten, sondern als Unterstützung für Ihre zukünftige Beziehung – der Beziehung, die Sie beide gemeinsam durch diese gründliche Arbeit aufgebaut haben. Diese Fragen sind der Beginn einer Reise zur Selbstfürsorge, die Ihrem Partner / Ihrer Partnerin und all Ihren Beziehungen nur langfristig guttun wird.

Halten wir fest

- Um schwierige Momente zu rekapitulieren, müssen Sie Teufelsdialoge und wunde Punkte identifizieren.
- Dreh- und Angelpunkt der Wiedergutmachung ist die Fähigkeit, das Tempo herunterzufahren und auf eine andere Gesprächsebene zu wechseln.
- Beide Partner*innen steigen aus negativen Kreisläufen aus, erkennen das Muster und verstehen, wie es sie zu Opfern macht.
- Beide Partner*innen sind immer besser in der Lage zu erkennen, wie sie sich in den Tanz der Unverbundenheit, der ihr gemeinsamer Feind ist, verstricken.

5. Gespräch Nr. 4: Halt mich fest – sich aufeinander einlassen und miteinander verbinden

Tiefe, verliebte Blicke, langsames Tanzen in vollkommener Synchronität, zeitverloren in den Armen des Anderen. Ein solches Verhalten ist nicht den Frischverliebten aus Nicholas Sparks' Romanen vorbehalten. Momente berauschender Verbundenheit, intensiver Aufmerksamkeit und uneingeschränkter Hingabe können und sollten sich während der gesamten Dauer einer Beziehung immer wieder einstellen, denn sie kennzeichnen glückliche, sicher gebundene Paare.

Wenn wir uns verlieben, stimmt sich nahezu jeder auf eine ganz natürliche, spontane Weise auf den Partner / die Partnerin ein. Wir nehmen einander mit geschärften Sinnen wahr und reagieren ausgesprochen feinfühlig auf jede Bewegung, jedes Wort, jede Gefühlsäußerung des Anderen. Im Laufe der Zeit aber geht uns diese Sensibilität oft verloren. Wir werden selbstgefällig und halten es nicht länger für nötig, unserem Partner / unserer Partnerin besondere Aufmerksamkeit zu widmen. Wir haben unsere emotionalen Antennen eingezogen, und möglicherweise ist auch der Partner / die Partnerin dazu übergegangen, schwächere Signale auszusenden. Wo einst Übereinstimmung herrschte, übernimmt nun Disharmonie.

Um eine sichere Verbundenheit aufbauen und bewahren zu können, müssen wir uns auf unseren Liebesmenschen ebenso feinfühlig wie in der ersten Verliebtheitsphase einstimmen können. Wie kann uns dies gelingen? Indem wir bewusst Momente des Aufeinander-Eingehens und der Verbundenheit, des wechselseitigen Verstehens und der Sicherheit schaffen. Im Halt-mich-fest-Gespräch können Sie auf dem Gefühl der Sicherheit aufbauen, das Sie und Ihr*e Partner*in in den vorangegangenen drei Gesprächen entwickelt haben. Im Laufe dieser Gespräche haben Sie gelernt, *negative* Interaktionsmuster unter Kontrolle zu bringen oder zu durchbrechen und zumindest eine der tieferen Emotionen, die in Teufelskreisen und Momenten der Unverbundenheit aktiviert werden, zu identifizieren und zu benennen. Nach Verbundenheit zu streben und auf hilfreiche Weise zu reagieren, ist schwer, solange einem die sichere Basis noch fehlt. Doch wie in *Halt mich fest* erwähnt, ähneln die Gespräche 1, 2 und 3 eher einem Spaziergang durch den Park, während das vierte Gespräch einem Tangotanz gleicht.

Hier lernen Sie positive Muster zu erzeugen, mit denen Sie Ihren geliebten Menschen erreichen und auf ihn reagieren können. Das Gespräch hilft Ihnen, von den Vorteilen der Verletzlichkeit zu profitieren. Indem beide Partner*innen lernen, engagierter miteinander zu sprechen und aufeinander einzugehen, erzeugen sie positivere Gefühle füreinander, aus denen ein Kreislauf der offeneren Kommunikation mit noch sensibler abgestimmten Reaktionen auf die Ängste und Bedürfnisse des Anderen hervorgehen kann. Letztlich wird jeder von Ihnen lernen, die Bindungssprache des Anderen zu sprechen.

Verständnis und das Vermitteln von Ängsten und Bedürfnissen ist die Grundlage für das Gespräch Nr. 4, bei dem zwei Fragen zu berücksichtigen sind. Die erste Frage – *Wovor habe ich die größte Angst?* – soll die tieferen Gefühle, mit denen Sie in den vorangegangenen Gesprächen in Berührung gekommen sind, einer tieferen Erforschung zugänglich machen. In diesen Dialogen haben Sie sich in die Tiefen Ihrer emotionalen Welt vorgewagt. Um Ihre Bindungsprioritäten zu entdecken, müssen Sie nun sogar noch tiefer, sozusagen bis zum Grund Ihrer emotionalen Welt, tauchen.

Die zweite Frage – *Was brauche ich von Dir am meisten?* – ist der entscheidende Dialog der *Emotionsfokussierten Paartherapie*, in dem Sie Ihre Bedürfnisse aufrichtig, eingehend und in einer Weise beschreiben, die Ihre*n Partner*in dazu bewegt, sich gemeinsam mit Ihnen auf einen neuen, durch **Aufgeschlossenheit**, **Responsivität** und **emotionales Engagement** gekennzeichneten Dialog einzulassen – ein A. R. E.-Gespräch, wie es im 1. Kapitel beschrieben wurde. Diese Art der A. R. E.-Interaktion ist die Grundlage effektiver Abhängigkeit: der Abhängigkeit, die als sichere Basis der Beziehung dient.

Beide Fragen fordern Paare dazu heraus, sich mit den Elementen ihrer Gespräche auseinanderzusetzen. Dabei kann sich herausstellen,

- wovor jeder der beiden Angst hat,
- was sich jeder vom Anderen ersehnt,
- wie leicht oder schwer es den Partner*innen fällt, ihre Ängste auszusprechen,
- wie leicht oder schwer es für sie ist, um das, was sie vom Anderen brauchen, zu bitten.

Die Fähigkeit, dieses Gespräch zu führen, beruht auf der Sicherheit, die Sie in den ersten drei Gesprächen aufgebaut haben. Das Halt-mich-fest-Gespräch und die beiden darin enthaltenen Fragen sind für Paare ungemein lohnend, denn sie wirken wie ein Gegengift zu Teufelsdialogen und Momenten der Leere und Verlassenheit. In diesem Gespräch rückt der oder die eher zurückgezogene Partner*in näher, verlässt seine/ihre Position der Machtlosigkeit und überwindet die Distanz, die sie beide getrennt hat. Diese*r Partner*in wird emotional engagierter, und deshalb verlässt der oder die fordernde, schuldzuweisende Partner*in seine/ihre Kontrollposition. Er/sie lässt weichere Gefühle zu und sucht die Nähe zum/zur Anderen auf positive Weise. Rückzügler engagieren sich aufs Neue, während fordernde Partner*innen weicher werden.

Interaktionen dieser Art sind wahrscheinlich deshalb so positiv, weil sie zur Ausschüttung von Oxytozin führen. Dieses „Kuschelhormon" erzeugt ein Gefühl ruhiger Zufriedenheit und stärkt das Bindungsverhalten. Es ist auch unserer Tendenz zuträglich, anderen Menschen zu vertrauen. Oxytozin ist ein entscheidender Faktor in der Liebeschemie. Es ist Teil der Glückseligkeit des Orgasmus wie auch des Stillens eines Babys.

Wenn wir uns unserem Liebesmenschen in der für ein A.R.E.-Gespräch charakteristischen Weise zuwenden, können wir seine Intentionen und seine Verfasstheit intuitiv erfassen und im Tanz miteinander verschmelzen. Das bedeutet, dass wir Zweierlei lernen müssen: unsere eigenen Gefühle offenzulegen und den Offenlegungen unseres Liebesmenschen aufgeschlossen zu begegnen. Sobald ein*e Partner*in, der / die sich öffnet, spürt, dass der / die Andere ihm aufmerksam und liebevoll zuhört, können sich beide ihren Gefühlen tiefer hingeben und sie klarer beschreiben. EFT-Forscher*innen haben festgestellt, dass Paare auf diese Weise Probleme als Team lösen und Unterschiede überbrücken können – nicht nur, weil sie sich sicherer fühlen, sondern weil ihre Probleme nicht länger Barometer der Liebe und Zugehörigkeit sind – sie sind einfach nur Probleme.

Kreuzen Sie an, welche Gewohnheiten Ihnen bekannt vorkommen:

- ☐ Zu entdecken, dass eine Hausarbeit nicht erledigt wurde, und loszulegen mit: „Du hast … nicht erledigt. Du hörst einfach nicht zu und nimmst keine Rücksicht auf mich."
- ☐ Aus einer Meinungsverschiedenheit ein Beziehungsproblem zu machen, zum Beispiel: „Ich hatte dich gebeten, die Regale so und so aufzustellen, aber du ignorierst mich und meine Wünsche, weil ich dir offenbar egal bin …"
- ☐ Eine momentane Unstimmigkeit in Ihrem Liebesleben zum Anlass für ein vernichtendes Urteil zu nehmen: „Du bist eingeschlafen, obwohl wir uns für den Abend zum Sex verabredet hatten, aber unsere Verabredungen bedeuten dir offenbar nichts, und ich scheine meine sexuelle Attraktivität für dich verloren zu haben."

CHECKPOINT: Bedingungen für Zärtlichkeit

Das englische Wort *attend* (zu Deutsch: besuchen, teilnehmen, teilhaben) kommt aus dem Lateinischen von *ad tendere*, was so viel bedeutet wie „erreichen". Wir wollen aufeinander zugehen, und das „Halt mich fest"-Gespräch hilft den Partner*innen, genau das zu tun.

5.1 Frage 1 – Wovor habe ich die größte Angst?

In diesem Teil des Gesprächs geht es darum, die eigenen Emotionen und die des Partners / der Partnerin genauer zu verstehen. Die Partner*innen lernen in diesem Gespräch, ihre tiefsten Ängste vor Bindungsverlust auszusprechen, und dies ermöglicht es ihnen, auch die in der zweiten Frage thematisierten primären Bindungsbedürfnisse anzuerkennen: Was brauche ich von dir am meisten? Wie können Sie die Erkenntnisse, die Sie über Ihre Bedürfnisse, Ängste und Verhaltensweisen gewonnen haben, nutzen, um zu den tiefen Grundlagen Ihrer Verwundbarkeit vorzudringen? Das bedeutet, von: „Ich bekomme Angst, wenn du von mir fortgehst" überzugehen zu: „Ich bin traurig, weil es so aussieht, als könnten wir nicht wieder zusammenfinden." Die erste Aussage ist zweifellos zutreffend und ehrlich, aber sie lässt die Angst unspezifiziert. Die zweite hebt darauf ab, wie es sich anfühlt, den Liebesmenschen fortgehen zu sehen – auf die Angst vor der Unverbundenheit.

Auch nachdem beide Partner*innen ihre Gefühle in den ersten drei Gesprächen in Worte gefasst haben, sind alle Paare in der Regel verblüfft zu erkennen, dass ihr Austausch noch weiter an Eindringlichkeit und Tiefe gewinnen kann. Angst und Verletzlichkeit sind nicht ein und dasselbe. Die Verletzlichkeit in Worte zu fassen, die uns Angst macht, ist der Schlüssel zu diesem Gespräch. Deshalb zeige ich meinen Paaren, wie sie *Türöffner* benutzen können. *Türöffner* sind anschauliche Bilder, Wörter und Formulierungen, die Ihnen einen Zugang zu Ihren tiefsten Gefühlen und Verletzlichkeiten öffnen – zu Ihrer emotionalen Realität.

5.2 Halt-mich-fest-Türöffner

Therapeuten verwenden Türöffner aus verschiedenen Gründen. Erstens erzeugen sie Schwung und erleichtern es, an ein Gespräch aus einer früheren Sitzung wiederanzuknüpfen. Zumeist drücken Therapeuten es so aus: „In der letzten Woche hatten Sie das Gefühl, in der Falle zu sitzen." Das Wort „Falle" ist der Türöffner, der sowohl der Therapeutin als auch dem Patienten als Referenz dient. Vor einer Weile rief eine Patientin im Gespräch plötzlich aus: „Ich fühle mich, als liefe ich durch ein Feuer." Dieses Bild beschwört so viele Empfindungen herauf, die selbst wiederum als Anker dienen, die uns mit unseren Ängsten in Verbindung bringen, und zwar nicht nur mit dem emotionalen Aspekt der Angst, sondern auch mit den damit verbundenen körperlichen Sensationen.

Türöffner erleichtern es uns auch, mit unseren tieferen Ängsten in Berührung zu kommen. Sie erinnern uns nicht nur an etwas, das Angst in uns geweckt hat, sondern bewirken, dass wir unsere Verletzlichkeit nicht verleugnen. Zu lernen, Türöffner zu benutzen und sich auf sie zu verlassen, wenn man das Gefühl hat, nicht die richtigen Worte zu finden, erleichtert die Kommunikation und ist dem Verständnis des zuhörenden Partners / der zuhörenden Partnerin zuträglich, weil die Gefühle klar ausgedrückt werden. Weil Türöffner so anschaulich sind, wird unser Körper ganz natürlich auf sie reagieren. Beide Partner*innen lernen, nach Anzeichen für Stress und Angst Ausschau zu halten, indem sie die entsprechenden Veränderungen in der Körpersprache des / der Anderen wahrnehmen. Auf diese Weise lernen wir, unsere Partner*innen zu lesen und mitfühlend zu reagieren, statt uns von unseren eigenen Ängsten hinreißen zu lassen.

Die folgenden Türöffner können Ihnen dabei helfen zu lernen, Wörter zu benutzen, die Ihre Verletzlichkeit ausdrücken.

Statt zu sagen ...	**Versuchen Sie's mit dem Türöffner ...**
Ich habe das Gefühl, die Kontrolle zu verlieren.	Ich raste aus.
Ich weiß nicht, was ich tun soll.	Ich fühle mich überwältigt.
Ich bin so allein.	Mein Herz ist gebrochen.
Ich kann nicht schlafen, mein Kopf kommt nicht zur Ruhe.	Ich habe Angst.
Ich möchte nicht hier sein.	Ich möchte fliehen.
Ich halte den Druck nicht aus.	Es fühlt sich an, als liefe ich durch Feuer.
Ich bin restlos verwirrt.	Es fühlt sich an, als ob mein Kopf gleich explodiert.
Ich bin traurig und lustlos.	Ich fühle mich wie eine Schnecke im Matsch.

ARBEITSBLATT: Was ist Ihr Türöffner?

Jetzt sind Sie an der Reihe. Können Sie Ihre Gefühle anschaulicher ausdrücken? Ihr Türöffner muss keine konkrete Handlung sein; Sie können auch ein Bild oder eine Formulierung benutzen. Ihr Türöffner soll etwas sein, woran Sie sich erinnern und an dem Sie sich festhalten können, um nicht in einen Teufelsdialog abzudriften. Lauschen Sie in sich hinein. Spüren Sie körperliche Veränderungen, die Ihnen signalisieren, was Sie fühlen? Beginnt vielleicht Ihr Bein zu zittern oder Ihr Fuß zu wippen, wenn Sie Ihren Türöffner benutzen? Beginnen Sie, mit Ihren Haaren zu spielen oder an Ihrer Nagelhaut zu zupfen? Wenn Ihnen solche körperlichen Veränderungen auffallen, können Sie sich fragen: „Passiert das, wenn ich zu meinem Türöffner greife?"

Partner*in 1:

Meine Gefühle ______________________________

____

Mein Türöffner ______________________________

____

Meine Körpersprache ______________________________

____

Partner*in 2:

Meine Gefühle ______________________________

____

Mein Türöffner ______________________________

____

Meine Körpersprache ______________________________

____

Auch wenn Sie das Gefühl haben, Ihre Hauptangst benennen und spezifizieren zu können, überlegen Sie zuerst, wie Sie es Ihrem Partner / Ihrer Partnerin gegenüber ausdrücken. Suchen Sie nach einer möglichst einfachen, kurzen Form. Wenn es Ihnen schwerfällt, nehmen Sie sich Zeit. Sie können Ihre Angst in kleinen Schritten formulieren oder Ihre*n Partner*in bitten, Sie abzulösen. Türöffner zu benutzen heißt im Grunde, Kürzel zu verwenden, um einander zu verstehen. Es muss Sie keine Mühe kosten. Diese neue Sprache zu erlernen, kann sogar erleichternd sein.

5.3 Frage 2 – Was brauche ich von dir am meisten?

Türöffner zu benutzen hilft uns, die Emotionen, die im Zentrum unserer Sehnsucht nach sicherer Verbundenheit stehen, zu fühlen und in Worte zu fassen. Wenn ein*e Partner*in seine / ihre Bedürfnisse zu beschreiben beginnt, ist er / sie der- / diejenige, der / die sich öffnet. Für den zuhörenden Partner / die zuhörende Partnerin kann es schwer sein, dem / der sich öffnenden und über seine / ihre Verwundbarkeit sprechenden Partner*in zuzuhören und ihm / ihr zu vertrauen. Ich habe Reaktionen erlebt, die von „Das ist ja lächerlich" bis zu „Das musst du mir erst einmal beweisen" reichten. Und damit hat der Teufelsdialog sie wieder gefangen genommen.

Freilich geht niemand das Risiko ein, mit einem Bekenntnis auf Ablehnung und Zurückweisung zu stoßen, sofern ihm der Partner / die Partnerin nicht wirklich wichtig ist. Manchmal muss derjenige, der sich öffnet, Langmut beweisen und seine Botschaft ein ums andere Mal wiederholen, bis der Andere ihn in diesem neuen Licht zu sehen vermag. Paare, die sich erneut in ihrem Teufelsdialog festfahren, sollten die Gespräche 1, 2 und 3 wiederholen, um Bewegung in den Prozess zu bringen.

Das folgende Beispiel illustriert, wie Partner*innen sich abwechselnd öffnen und dem / der Anderen auf eine Weise begegnen können, die ihre wechselseitige Responsivität und ihr emotionales Engagement, die beiden Facetten aufmerksamer Zuwendung, stärkt.

ARBEITSBLATT: Türöffner identifizieren

Versuchen Sie, die Türöffner zu identifizieren, die jede*r der beiden Partner*innen in dem folgenden Dialog benutzt. Unterstreichen Sie Wörter, die Resonanz haben, und solche, die den Zugang zu tieferen Gefühlen erleichtern.

MICAH: Als du so spät nach Hause kamst, habe ich dir berichtet, wie schlimm es mir ging. Du hast nur gesagt: „Jetzt geh mir bloß nicht wieder auf die Nerven“, und dass du mich verlassen müsstest, wenn ich keine Ruhe gäbe. Das war für mich der absolute Tiefpunkt. Ich kann nicht immer gelassen und vernünftig sein.

TAYLOR: Sorry.

MICAH: Ich bin so traurig, denn ich glaube manchmal, dass wir nicht wieder zusammenkommen.

TAYLOR: So solltest du nicht denken, denn wir arbeiten doch an unserer Beziehung. Was war für dich der schlimmste Moment, das schlimmste Gefühl? *[Vielleicht erinnern Sie sich an diese Frage aus dem dritten Gespräch, „Einen schwierigen Moment rekapitulieren“.]*

MICAH: *[Schweigt]*

TAYLOR: Dass du verrückt bist, sage ich doch nur, weil mir die schlechten Gefühle zwischen uns solch große Angst machen.

MICAH: Am schlimmsten war es, als du das Telefonat beendet hast, und später, als du gesagt hast, du würdest mich verlassen. Ich wäre so „unvernünftig“, hast du gesagt.

TAYLOR: Ich weiß nicht, wie ich es besser machen kann. Was soll ich tun?

MICAH: Ich möchte einfach nur wissen, ob es dir etwas ausmacht, dass du mich verletzt hast. Wenn ich Angst habe oder mich über dich ärgere, wendest du dich einfach ab, so wie du das Telefonat einfach beendet hast. Du tröstest mich nicht. Und mittlerweile schläfst du auch nicht mehr mit mir, du nimmst mich nicht einmal mehr in den Arm. Gerade dann, wenn ich dich wirklich brauche, zeigst du mir deine Missbilligung und verschwindest. Ich bin nicht die Frau, die du dir gewünscht hast.

TAYLOR: *[Schweigt]*

MICAH: Es bringt mich um, wenn du über mich hinwegsiehst und deine Regeln zitierst. Ich habe mich nie so einsam und allein gefühlt. Taylor, du bist für mich nicht präsent, du bist nicht an meiner Seite. Deshalb bekomme ich Panik. Hörst du mich?

TAYLOR: *[Ergreift ihre Hand.]* Ja, ja, ja. Es ist traurig, das zu hören. Ich bin traurig.

Taylor *ist* traurig. Taylors emotionale Präsenz ist nicht weniger greifbar als der Sessel, in dem er sitzt. Micah hat ihren tiefen Schmerz offenbart, das Ursignal jener Verlust- und Panikgefühle, die uns überkommen, wenn unser geliebter Mensch nicht für uns da ist, und sie haben einander gehört. Beide Partner*innen haben Zugang zu ihrer emotionalen Realität gefunden und sich füreinander geöffnet.

Eine Übung in Introspektion

Es tut weh, sich seiner Verletzlichkeit bewusst zu werden. Noch schwieriger ist es, sie in Worte zu fassen. Vertrauen und Verständnis sind eine Voraussetzung dafür, dass wir mit unserem Partner/unserer Partnerin über unsere Ängste sprechen können. Ich pflege Paare zu Beginn zu bitten, sich an einen Menschen aus der Vergangenheit – einen Elternteil, einen Liebesmenschen oder eine enge Freundin – zu erinnern, an die sie sicher gebunden waren.

Dann frage ich: „Wenn Sie mit diesem Menschen über Ihre tiefste Verwundbarkeit sprächen, über die Angst, die Ihnen kaum über die Lippen kommt – welche Angst wäre das?" Die Antworten variieren: „Ich fürchte mich vor dem Alleinsein", oder: „Ich kann mir selbst nicht verzeihen", oder: „Ich habe Angst, dass mir dasselbe nochmal passiert."

Sodann frage ich: „Welche Art Reaktion würden Sie von dieser sicheren Bindungsperson erwarten?"

Machen Sie diese Übung allein und konzentrieren sich auf eine sichere Bindungsbeziehung aus Ihrer Vergangenheit – einen Elternteil oder einen engen Freund. Stellen Sie sich vor, dass dieser Mensch vor Ihnen steht. Wie würden Sie Ihre Verletzlichkeit jetzt beschreiben? Haben Sie vielleicht weniger Angst? Können Sie Ihre Angst klarer formulieren? Oder ist sie weiterhin unklar, verschwommen? Fühlen Sie sich so merkwürdig bei dem Gedanken, über Ihre Angst zu sprechen, dass Sie es sich nicht einmal vorstellen können? Erinnern Sie sich an Ihren Türöffner, wenn Sie Schwierigkeiten haben, die passenden Worte zu finden.

Partner*in 1:

Vergegenwärtigen Sie sich nun eine frühere Beziehung, in der Sie keine sichere Verbundenheit erlebt haben. Vielleicht hat Ihre beste Freundin in der Schule Sie von Geselligkeiten ausgeschlossen, sodass Sie sich im Stich gelassen fühlten, als Außenseiter, der nicht gut genug war. Was hätten Sie von diesem Menschen am meisten gebraucht? Akzeptanz? Beruhigung? Unvoreingenommenheit? Schreiben Sie diesem Menschen nun in ein, zwei Sätzen (oder weniger), was Sie gebraucht hätten. Achten Sie dabei auf Ihre Körperbewegungen, Ihre Körperhaltung oder innere Sensationen wie Kribbeln, Hitze oder Schmetterlinge im Bauch.

Nun konzentrieren Sie sich auf Ihre aktuelle Paarbeziehung. Was brauchen Sie am meisten, um sich geborgen und geliebt zu fühlen? Schreiben Sie es auf. Das auf diese Übung folgende Arbeitsblatt wird Ihnen helfen, dieses Gespräch mit Ihrer Partnerin / Ihrem Partner zu beginnen.

Partner*in 2:

Vergegenwärtigen Sie sich nun eine frühere Beziehung, in der Sie keine sichere Verbundenheit erlebt haben. Vielleicht hat Ihre beste Freundin in der Schule Sie von Geselligkeiten ausgeschlossen, sodass Sie sich im Stich gelassen fühlten, als Außenseiter, der nicht gut genug war. Was hätten Sie von diesem Menschen am meisten gebraucht? Akzeptanz? Beruhigung? Unvoreingenommenheit? Schreiben Sie diesem Menschen nun in ein, zwei Sätzen (oder weniger), was Sie gebraucht hätten. Achten Sie dabei auf Ihre Körperbewegungen, Ihre Körperhaltung oder innere Sensationen wie Kribbeln, Hitze oder Schmetterlinge im Bauch.

Nun konzentrieren Sie sich auf Ihre aktuelle Paarbeziehung. Was brauchen Sie am meisten, um sich geborgen und geliebt zu fühlen? Schreiben Sie es auf. Das auf diese Übung folgende Arbeitsblatt wird Ihnen helfen, dieses Gespräch mit Ihrer Partnerin/Ihrem Partner zu beginnen.

ARBEITSBLATT: Füllen Sie die Lücken aus

Fast jeder Mensch auf Erden ist von seiner eigenen Verwundbarkeit schon einmal überwältigt worden. Diese Erfahrung zu beschreiben, ist eine nützliche Übung, denn sobald Sie die treffenden Worte gefunden haben, können Sie sie in Ihrem Halt-mich-fest-Gespräch verwenden und Ihrem Partner/Ihrer Partnerin helfen, Ihre Türöffner in Ihren gemeinsamen Dialogen und Interaktionen in einen Kontext zu bringen und gedanklich vorauszusehen. Nach Vervollständigung des vorangegangenen Arbeitsblattes und der Introspektionsübung versuchen Sie bitte, die Bedürfnisse in Worte zu fassen, die auf den Dingen beruhen, die Ihnen, wie Sie nun wissen, Angst machen.

Beginnen Sie mit diesen Beispielsätzen, um es sich leichter zu machen. Füllen Sie die Lücken aus. Der erste Satz dient als Orientierungshilfe:

Ich brauche das Gefühl, *für dich etwas Besonderes zu sein,* damit ich *weiß, dass ich für dich das Wichtigste im Leben bin.*

Partner*in 1:

Ich brauche als Partner*in und Liebesmensch das Gefühl, ______________________

und dass ____ für dich wichtig ist.

Ich muss spüren, dass ich ______________________________ kann, damit ich

weiß, dass ____.

Ich muss mir sicher sein, dass ich dich bitten kann, _________________________,

damit ich ____.

Partner*in 2:

Ich brauche als Partner*in und Liebesmensch das Gefühl, ______________________

und dass ____ für dich wichtig ist.

Ich muss spüren, dass ich ______________________________ kann, damit ich

weiß, dass ____.

Ich muss mir sicher sein, dass ich dich bitten kann, _________________________,

damit ich ____.

Wenn Sie sich dieser Aufgabe nicht gewachsen fühlen, können Sie es zunächst mit einem kleineren Schritt versuchen und Ihrem Partner/Ihrer Partnerin erläutern, wie schwierig es für Sie ist, Ihre Bedürfnisse klar zu formulieren und laut auszusprechen. Sagen Sie ihm/ihr, wie er/sie Ihnen möglicherweise dabei helfen kann, zum Beispiel: „Du könntest mir sagen, dass Du Dir anhören möchtest, welche Bedürfnisse ich habe, und dass Du mich in den Arm nehmen möchtest, damit ich mich sicher fühle.“ In diesem Dialog geht es um das entscheidende emotionale Drama unseres Lebens, deshalb sind manchmal kleinere Schritte erforderlich, um Klarheit gewinnen und vermitteln zu können.

Halten wir fest

- Das Halt-mich-fest-Gespräch ist eine positive Bindungserfahrung.
- Das Gespräch wirkt Teufelskreisen und Momenten der Unverbundenheit entgegen und befähigt Sie, der Welt gemeinsam als Team entgegenzutreten.
- Wann immer Sie diese Momente tiefer emotionaler Resonanz erschaffen, wird das Band zwischen Ihnen stärker.

6. Gespräch Nr. 5: Verletzungen verzeihen

Wer auch immer als erster gesagt hat: „Wir verletzen die, die wir am meisten lieben", hat zweifellos in einer langjährigen Beziehung gelebt. Wenn ich in einem Raum voller Paare die Frage stelle, ob sie selbst verletzt haben oder verletzt wurden, Unverbundenheit oder Schuldzuweisungen initiiert oder erlitten haben, sich feindselig verhalten haben oder feindselig behandelt wurden, geht jede Hand hoch. Eine langjährige Beziehung ohne solche Zwischenfälle ist unmöglich. Bindungen einzugehen setzt Verwundbarkeit voraus, und deshalb ist es vollkommen normal, wenn Angst ihr hässliches Gesicht zeigt; entscheidend dafür, ob wir einander an unsere Angst verlieren oder ob wir diese Zwischenfälle als Gelegenheit nutzen können, Verbundenheit zu vertiefen, ist die Art und Weise, wie wir reagieren.

Während der vorangegangenen vier Gespräche wurden Verwundbarkeit, frühere Verletzungen und Unsicherheiten in Worte gefasst und durch Mitgefühl, Verstehen und gegenseitige Abstimmung ersetzt. Fehlverhalten wurde aufgedeckt, wunde Punkte wurden nicht länger versteckt, Bedürfnisse wurden in Worte gefasst. In einem oder mehreren dieser Gespräche wird unweigerlich ein – auf den ersten Blick womöglich harmlos erscheinendes – Erlebnis (wie im 3. Gespräch, „Einen schwierigen Moment rekapitulieren") angeschnitten worden sein, das die Stimmung im Raum radikal verändert. Die Hoffnung, die langsam wiederaufkeimen konnte, weicht der Resignation. Wie kann ein scheinbar harmloses Erlebnis derart überwältigende Auswirkungen haben? Offensichtlich war es gar nicht „harmlos". Zumindest für eine*n Partner*in muss es eine *schwerwiegende* Erfahrung gewesen sein.

In Jahrzehnten an Forschung und Therapie habe ich immer wieder die Erfahrung gemacht, dass bestimmte Ereignisse nicht lediglich an unsere wunden Punkte rühren oder unsere Gefühle verletzen. Sie fügen uns vielmehr derart tiefe Wunden zu, dass sie uns den Boden unter den Füßen wegziehen. Bei solchen Ereignissen handelt es sich um Beziehungstraumata. Definiert werden Traumata im Allgemeinen als eine Verletzung, die uns in Angst und Ohnmacht versetzt und alles infrage stellt, was wir für berechenbar und kontrollierbar gehalten haben. Es gibt tatsächlich kein schwereres Trauma als die Verletzung durch ebenjene Menschen, auf deren Unterstützung und Schutz wir uns verlassen haben.

Bei Paaren mit unsicherer Bindung können Verletzungen die Stabilität der Beziehung und das gegenseitige Vertrauen erschüttern. Doch nicht jedes Fehlverhalten wirkt traumatisch. Traumatische Verletzungen sind laut Judith Hermann, Professorin für Psychiatrie an der Harvard Medical School, besonders gravierend, wenn sie „die menschliche Verbundenheit zerstören“. In den vorangegangenen vier Gesprächen ist vielleicht auch ein Beziehungstrauma auf den Tisch gekommen. Vielleicht haben Sie dann festgestellt, dass sich eine Erfahrung, die schon mehrere Jahre zurückliegt, als wunder Punkt eingebrannt hat und es Ihnen unmöglich macht, mit einem Gefühl der Sicherheit auf Ihre*n Partner*in zuzugehen. Stattdessen wird ein früheres Trauma Sie je nach Ihrer Urangst-Reaktion wahrscheinlich veranlassen, entweder anzugreifen oder zurückzuweichen.

Wenn ein*e Partner*in infolge eines früheren Beziehungstraumas von Urangst erfasst wird, schrillen für ihn / sie sämtliche Alarmsignale, und ihn / sie überkommt ein überwältigendes Bedürfnis, sich zurückzuziehen, um sich dem Schmerz oder der Angst einer solchen Situation nicht erneut auszusetzen. Augenblicke wie diese bezeichne ich als „Nie-wieder-Momente“. Nie wieder will er / sie sich so fühlen wie in jener Situation.

Wenn der erhoffte emotionale Beistand durch eine*n Liebespartner*in in einer Situation, in der man sich verletzlich fühlt und in Gefahr wähnt, ausbleibt, kann die Kränkung die ganze Beziehung in Mitleidenschaft ziehen. Solche Erfahrungen werfen einen Schatten auf Hunderte unbedeutendere positive Ereignisse und machen die sichere Geborgenheit der Liebesbeziehung auf einen Schlag zunichte. Sie treffen uns mit solcher Wucht, weil sie uns eine niederschmetternde Antwort geben auf die ewige Frage: „Wirst du für mich da sein, wenn ich dich am meisten brauche? Nimmst du Anteil an meinem Schmerz?“

Unsere Toleranz für Kompromisse oder Ambivalenz tendiert gegen Null, wenn wir uns auf die Unterstützung durch unsere*n Partner*in absolut angewiesen fühlen. Der / die Andere kann sich nur richtig oder falsch verhalten. Diese Momente können sämtliche positiven Überzeugungen hinsichtlich der Liebe an sich und der Verlässlichkeit unseres geliebten Menschen erschüttern. Sie können den Niedergang einer Beziehung einleiten oder ein ohnehin brüchiges Band endgültig zerschlagen. Solange solche Ereignisse und Vorfälle nicht bearbeitet und bewältigt werden, sind Aufgeschlossenheit und emotionales Engagement völlig undenkbar.

Häufig versuchen Partner*innen, Beziehungstraumata (auch als *Verletzungen* bezeichnet) zu bewältigen, indem sie sie ignorieren oder vergraben. Das ist ein großer Fehler. Alltägliche Kränkungen sind relativ leicht zu verwinden, und wunde Punkte können verheilen, wenn wir nicht immer wieder in teuflischen Dialogen an ihnen kratzen, doch unbewältigte Traumata heilen nicht. Die Hilflosigkeit und Angst, die sie erzeugen, sind beinahe unauslöschlich und aktivieren unsere Überlebenstriebe. Verletzungen und Kränkungen brechen sich Bahn, sobald die Bindungsbedürfnisse erneut in den Vordergrund treten. Oft ist, was wir für vergessen hielten, nie verziehen worden, und häufig trifft das Gegenteil zu. Die einzige Möglichkeit, diese Bindungsverletzungen zu überwinden, besteht darin, über sie zu sprechen und sie gemeinsam zu heilen.

6.1 Verzeihen: Das oberste Ziel für Partner*innen

Die meisten Wissenschaftler verstehen das Verzeihen als eine moralische Entscheidung. Grollgefühle zu überwinden und das verletzende Verhalten eines anderen Menschen zu entschuldigen ist demnach „gut und richtig". Aber eine solche Entscheidung reicht nicht aus, um das Vertrauen in diese Person und in die Beziehung wiederherzustellen. Was Partner*innen brauchen, ist vielmehr ein heilendes Gespräch, das nicht nur die Bereitschaft zu verzeihen, sondern auch die Bereitschaft, erneut zu vertrauen, fördert. Die Wiederherstellung des Vertrauens ist das eigentliche Ziel.

Werden Beziehungsverletzungen nicht bearbeitet, können sich ihre Nachwirkungen verschlimmern und es im Laufe der Zeit immer schwieriger machen, das Vertrauen zurückzugewinnen. Die wichtigste Lehre, die wir daraus ziehen, lautet, dass Sie die Verletzung des Partners / der Partnerin ernst nehmen und so lange darüber sprechen und Fragen stellen müssen, bis die Bedeutung eines kränkenden Zwischenfalls wirklich klar wird – selbst dann, wenn das Ereignis Ihnen trivial erscheint oder Sie die Reaktion Ihres verletzten Partners / Ihrer Partnerin für übertrieben halten.

CHECKPOINT: Was Verzeihen nicht ist

Das Verzeihen ist Forschungsgegenstand, Diskussionsthema und gibt Anlass zu Verwirrung bezüglich seiner Nützlichkeit, seiner Bedeutung und der Rolle, die es in unseren Beziehungen spielt. Viele Menschen missverstehen es als einen Freifahrtschein für oder eine Billigung von Fehlverhalten. Deshalb enthält die folgende Aufzählung Beispiele für Missverständnisse, die uns oft daran hindern, den Weg des Verzeihens einzuschlagen. Sobald wir uns klar machen, was Verzeihen nicht ist, sehen wir, was es ist und weshalb so viele Menschen – von Wissenschaftlern über Philosophen bis zu Therapeuten – an seine heilenden Kräfte glauben.

Verzeihen bedeutet nicht	*Verzeihen bedeutet*
... Vergebung um des Anderen willen.	... Vergebung um der vergebenden Person willen.
... Verzicht auf Verantwortlichkeit.	... Ihre Gefühle in Worte zu fassen und den / die Andere wissen zu lassen, welche Gefühle er / sie in Ihnen ausgelöst hat.
... zu sagen: „Es ist in Ordnung."	... keine Energie mehr in Groll, Ressentiments und Rachegefühle zu investieren.
... ein Fußabtreter oder ein leichtes Opfer zu sein.	... Wut zu empfinden und zu lernen, diese Wut loszulassen.
... so zu tun, als sei das, was passiert ist, nie geschehen.	... aus dem Geschehen zu lernen, wie Sie von anderen behandelt werden möchten.
... leichtes Spiel zu haben.	... zu akzeptieren, dass das Leben schwer ist und schlimme Dinge passieren können.
... Vergessen.	... seinen Frieden mit dem Leben zu schließen.

ARBEITSBLATT: Ist das Vertrauen verlorengegangen?

Es ist wichtig, in dieser Übung ehrlich und transparent anzugeben, ob Sie Angst haben, über Ihre Beziehungsverletzung zu sprechen, weil Sie nicht darauf vertrauen, dass Ihr*e Partner*in (der verletzte Part) ruhig zuhören wird, oder ob Sie ein*e Partner*in sind, die keine Vertrauenssignale sendet, die Ihrem Partner / Ihrer Partnerin zeigen, dass Sie (der verletzende Part) offen und engagiert zuhören werden. Markieren Sie bei jeder Aussage entweder *oft, manchmal* oder *nie*.

Verletzte*r Partner*in:

	Oft	Manchmal	Nie
Ich brauche Zeit, um Mut zu fassen und über eine frühere Verletzung zu sprechen.	☐	☐	☐
Ich sage, dass ich reden möchte, und ändere dann meine Meinung.	☐	☐	☐
Ich gehe davon aus, dass mein*e Partner*in es kleinreden, in Wut geraten, mich beschuldigen oder mir sagen wird, dass ich mir alles nur einbilde.	☐	☐	☐
Wenn ich offen spreche, wird mein*e Partner*in auf mich und meine Gefühle mit Vorwürfen reagieren.	☐	☐	☐
Wenn ich mich ausgesprochen habe, geht es mir schlechter und ich fühle mich einsamer als zuvor.	☐	☐	☐
Ich bin überzeugt, dass mein*e Partner*in unsere persönlichen Gespräche nicht diskret behandelt.	☐	☐	☐
Ich fühle mich körperlich krank, nervös oder zitterig, wenn ich offen zu sprechen versuche.	☐	☐	☐
Ich habe das Gefühl, mich ständig zu wiederholen und bei meinem Partner / meiner Partnerin kein Gehör zu finden.	☐	☐	☐
Ich frage mich, welchen Sinn es haben soll, offen zu sprechen.	☐	☐	☐

Verletzende*r Partner*in:

	Oft	Manchmal	Nie
Mein*e Partner*in macht aus jeder Mücke einen Elefanten.	☐	☐	☐
Mein*e Partner*in stellt es so dar, als sei alles meine Schuld.	☐	☐	☐
Mein*e Partner*in hört mir nicht zu, wenn ich das Problem zu erklären versuche.	☐	☐	☐
Ich habe das Gefühl, immer wieder dieselben Klagen zu hören.	☐	☐	☐
Ich fühle mich schuldig oder verantwortlich, wenn mein*e Partner*in offen zu mir spricht.	☐	☐	☐
Ich finde nicht, dass ich mich entschuldigen muss.	☐	☐	☐
Wenn mein*e Partner*in angeblich offen mit mir spricht, habe ich das Gefühl, dass er / sie ein Spielchen mit mir spielt.	☐	☐	☐
Ich halte es für ziemlich nutzlos, geduldig zuzuhören.	☐	☐	☐

Sprechen Sie mit Ihrem Partner / Ihrer Partnerin über die Aussagen, die Ihrer Ansicht nach am besten zutreffen, und tauschen Sie sich dann darüber aus, wie und wann Sie in diesem Gedanken steckenbleiben.

Möglicherweise macht ein Vertrauensproblem es Ihnen schwer, über erlittene Verletzungen zu sprechen. Der oder die verletzte Partner*in hat das Gefühl, keine Unterstützung zu finden, oder erinnert sich an Situationen, in denen seine / ihre Offenheit auf taube Ohren stieß oder Feindseligkeit weckte. Die verletzende Partei hat mitunter allzu große Scham- und Schuldgefühle, um wirklich offen bleiben zu können, und reagiert darauf, indem sie die Gefühle des / der Anderen ablehnt, als seien sie nicht von Belang. Ehrlich miteinander zu sein und gemeinsam über die Antworten auf dem Vertrauen-Arbeitsblatt zu sprechen, kann Sie aber auf Augenhöhe bringen, weil Sie beide die gleichen Gefühle haben, auch wenn Sie sich unterschiedlich äußern. Können Sie noch einmal von vorn beginnen? Finden Sie den Mut, sich verletzlich zu zeigen und über ein Trauma zu sprechen? Können Sie ruhig und aufmerksam zuhören und die verborgenen Botschaften des verletzten Partners / der verletzten Partnerin hören? Hier geht es um Entscheidungen, und sie zu treffen, ist ein Teil des Kreislaufs des Verzeihens. In meinem Buch *Halt mich fest* demonstrieren Ted und Vera die Macht des Verzeihens und die sechs Schritte zum Vergeben.

In sechs Schritten zum Verzeihen

1. Der verletzte Partner / die verletzte Partnerin muss seinen / ihren Schmerz möglichst offen und in möglichst einfachen Worten beschreiben.
2. Er / sie bleibt emotional präsent und erkennt nicht nur den Schmerz des / der Anderen an, sondern auch den Beitrag, den er / sie selbst dazu geleistet hat.
3. Gemeinsam beginnen die Partner*innen, ihr Drehbuch zu überarbeiten und den Kreislauf von „Nie wieder“ zu beenden.
4. Der Partner / die Partnerin, der / die Verletzung verursacht hat, übernimmt die Verantwortung dafür und bringt Bedauern und Reue zum Ausdruck.
5. Nun kann ein Halt-mich-fest-Gespräch über die Verletzung in der Bindungsbeziehung stattfinden.
6. Die Partner*innen verfassen nun gemeinsam eine neue Geschichte darüber, wie das verletzende Ereignis sich abspielte, wie es das Vertrauen und die gemeinsame Verbundenheit untergrub und ihren Teufelsdialogen Vorschub leistete.

Verletzungen kann man vergeben, verschwinden aber werden sie nie. Wenn alles gut geht, können sie als Beispiele für einen Neuanfang und für die Wiederherstellung der Verbundenheit in die Bindungsgeschichte des Paares integriert werden.

Eine Übung in Introspektion

Der erste Schritt zur Heilung einer Verletzung in einer Bindungsbeziehung besteht darin, sie anzuerkennen und auszusprechen. Denken Sie an eine tiefe Verletzung zurück, die Ihnen in der Vergangenheit jemand – aber nicht Ihr*e jetzige*r Partner*in – zugefügt hat. Es kann sich um ein schweres oder auch um ein weniger schweres Trauma handeln. War es eine Bemerkung, ein bestimmtes Verhalten oder eine ausbleibende Handlung des anderen Menschen? Welche alarmierende Schlussfolgerung über jene Person, die in Ihrem Leben eine so wichtige Rolle spielte, haben Sie gezogen? Sind Sie beispielsweise zu dem Schluss gelangt, dass dieser Mensch nicht anteilnehmend ist, dass Sie ihm nichts bedeuten und dass er Sie verlassen wird?

Partner*in 1:

Überlegen Sie nun, wonach Sie sich gesehnt haben, als Sie so tief verletzt wurden. Wenn es Ihnen schwerfällt, die passenden Worte zu finden, versuchen Sie, sich die ideale Reaktion vorzustellen. Haben Sie vielleicht das Thema gewechselt oder das Zimmer verlassen? Oder sind Sie aggressiv geworden und haben eine Erklärung verlangt?

Nun fragen Sie sich selbst: „Habe ich das Gefühl gehabt, vernachlässigt und nicht unterstützt zu werden? Wurde mein Schmerz oder meine Angst ignoriert? Fühlte ich mich verlassen? Habe ich mich entwertet gefühlt? Habe ich in jenem Menschen plötzlich eine Gefahrenquelle gesehen? Ihn als jemanden wahrgenommen, der mich ausnutzt, mich betrügt?

Partner*in 2:

Überlegen Sie nun, wonach Sie sich gesehnt haben, als Sie so tief verletzt wurden. Wenn es Ihnen schwerfällt, die passenden Worte zu finden, versuchen Sie, sich die ideale Reaktion vorzustellen. Haben Sie vielleicht das Thema gewechselt oder das Zimmer verlassen? Oder sind Sie aggressiv geworden und haben eine Erklärung verlangt?

Nun fragen Sie sich selbst: „Habe ich das Gefühl gehabt, vernachlässigt und nicht unterstützt zu werden? Wurde mein Schmerz oder meine Angst ignoriert? Fühlte ich mich verlassen? Habe ich mich entwertet gefühlt? Habe ich in jenem Menschen plötzlich eine Gefahrenquelle gesehen? Ihn als jemanden wahrgenommen, der mich ausnutzt, mich betrügt?

Wenn Sie das Gefühl haben, diese frühere Verletzung nun besser zu verstehen, können Sie mit Ihrem Partner / Ihrer Partnerin darüber sprechen.

6.2 Entschuldigung – das schwierigste Wort

Haben Sie ein Problem mit Entschuldigungen? Fällt es Ihnen schwer, sich zu entschuldigen oder eine Entschuldigung anzunehmen? Beides? Wissenschaftler sagen, dass wir von Natur aus dazu neigen, Gründe und Rechtfertigungen zu finden, um nicht „Entschuldigung" sagen zu müssen, weil wir uns demjenigen, den wir um Verzeihung bitten, unterlegen fühlen würden. Für unseren Überlebensmodus fühlen Entschuldigungen sich bedrohlich und gefährlich an, und deshalb vermeiden wir sie. Wir können aber lernen, solche intensiven Kampf-oder-Flucht-Impulse zu bezwingen. Wir können Signale benutzen, die uns helfen, uns produktiver, kommunikativer, mitfühlender zu verhalten und Verbundenheit zu ermöglichen.

Überlegen Sie, wie einfach oder schwierig es für Sie ist, sich zu entschuldigen – und sei es für eine Bagatelle. Unten sehen Sie Beispiele für Entschuldigungen, die für kleine Kränkungen annehmbar sein mögen, aber im Falle der Beziehungstraumata und -verletzungen, um die es hier geht, den Schmerz des verletzten Partners / der verletzten Partnerin noch verschlimmern. Können Sie sich an eine Situation erinnern, in der Sie Ihr Bedauern ungefähr auf folgende Weise ausgedrückt haben?

Kreuzen Sie Aussagen, die Ihnen bekannt vorkommen, an, und greifen Sie in Ihrem Halt-mich-fest-Gespräch nach Möglichkeit nicht auf sie zurück.

- ☐ Die eiligen „Wo-ist-der-Ausgang-Entschuldigung": „Ja, tut mir echt leid, wirklich. Was gibt's denn zum Abendessen?"
- ☐ Die Entschuldigung, die Ihre Verantwortung gleichzeitig bagatellisiert: „Na ja, vielleicht habe ich das gesagt, aber …"
- ☐ Die erzwungene Entschuldigung: „Vermutlich erwartest du jetzt eine Entschuldigung, also …"
- ☐ Die zweckorientierte Entschuldigung: „Hier funktioniert rein gar nichts mehr, solange ich mich nicht entschuldige, also …"

ARBEITSBLATT: Aufrichtige oder geheuchelte Entschuldigungen

Können Sie sich an eine Situation erinnern, in der Sie einen Menschen, den Sie liebten, verletzt haben? Eine Situation, in der sich dieser Andere Ihre Unterstützung oder Ihren Trost vergebens erhoffte und sich womöglich von Ihnen im Stich gelassen fühlte? In der er Sie vielleicht sogar als Bedrohung erlebte oder sich von Ihnen zurückgewiesen fühlte? Können Sie sich vorstellen, dem Betroffenen gegenüber Ihr Verhalten aufrichtig anzuerkennen? Was würden Sie ihm / ihr sagen? Was macht es Ihnen schwer, Ihr verletzendes Verhalten anzuerkennen? Viele Partner*innen benutzen die folgenden einfachen Erklärungen, wenn sie darüber sprechen, ihrem Liebesmenschen wehgetan zu haben. Kreuzen Sie hinter jeder Aussage „Richtig“ oder „Falsch“ an.

	Richtig	Falsch
Ich habe mich zurückgezogen. Ich habe dich enttäuscht.	☐	☐
Ich habe deinen Schmerz nicht gesehen und nicht wahrgenommen, wie sehr du mich brauchtest. Ich war zu wütend, zu sehr beschäftigt, verwirrt. Ich habe einfach dichtgemacht.	☐	☐
Ich wusste nicht, was ich tun sollte. Das Gefühl, grenzenlos dumm zu sein, hat mich völlig überwältigt, und ich hatte Angst, wieder einmal alles verkehrt zu machen.	☐	☐
Ich habe gedacht, dass du mir nicht glauben würdest, wie leid es mir tat.	☐	☐
Es war für mich unerträglich zu sehen, wie verletzt du warst, denn ich habe mich so sehr geschämt, dir das angetan zu haben.	☐	☐
Ich hatte Angst davor, wie meine Entschuldigung bei dir ankommen würde. Was, wenn du sie nicht angenommen hättest?	☐	☐

Ihre Gefühle im Zusammenhang mit Entschuldigungen anzuerkennen und die ihnen zugrundeliegende Angst vor den Konsequenzen in Worte zu fassen, kann Ihnen helfen, über diese Gefühle eingehender mit Ihrer Partnerin / Ihrem Partner zu sprechen und sich zu ihnen zu bekennen.

CHECKPOINT: Zentrale Botschaften in eindrücklichen Entschuldigungen

Deine Verletztheit ist berechtigt, verständlich.

Deine Verletztheit berührt mich. Sie ist mir wichtig, sie geht mir nahe.

Ich empfinde Bedauern, Reue, sogar Scham – ich bekenne mich dazu, dich verletzt zu haben. Jetzt bin ich hier bei dir.

Eine Übung in Introspektion

Nun ist es an der Zeit, sich einer spezifischen Verletzung in Ihrer aktuellen Beziehung zuzuwenden. Sie können sich allein damit beschäftigen oder Ihre*n Partner*in einbeziehen, damit er/sie Ihnen zuhört und Sie zu verstehen versucht. Wenn Ihnen dies allzu schwierig erscheint, beginnen Sie mit einer relativ harmlosen, nicht lang zurückliegenden Kränkung. Später können Sie die Übung, wenn Sie wollen, mit einer gravierenderen Verletzung wiederholen. Bemühen Sie sich, ein ganz spezifisches, klar abgegrenztes Ereignis auszuwählen, denn generelle, schwierig zu beschreibende Verletzungen können auch schwierig zu bearbeiten sein. Vielleicht haben Sie eine belastungsreiche Zeit durchgemacht, in der Ihre Gefühle ein ums andere Mal verletzt wurden. Gab es einen Moment, in dem sich der Schmerz gewissermaßen kristallisierte? Was hat den Schmerz hervorgerufen? Was war dabei Ihr Grundgefühl? Welche Entscheidung haben Sie bezüglich der Beziehung getroffen, und welche Maßnahmen haben Sie ergriffen, um sich selbst zu schützen?

Partner*in 1:

____

____

____

____

____

____

____

____

Partner*in 2:

Versuchen Sie nun, Ihrem Partner / Ihrer Partnerin zu erklären, was Sie sich während jenes kränkenden Vorfalls von ihm / ihr erhofft hatten und wie es sich für Sie anfühlte, als die ersehnte Reaktion ausblieb. Sie können auch erläutern, mit welchen Gefühlen Sie nun das Risiko wagen, über Ihre Bedürfnisse zu sprechen. Vermeiden Sie es nach Möglichkeit, Ihrem Partner / Ihrer Partnerin die Schuld an Ihrem Schmerz zu geben. Dies würde die Chance auf ein Gespräch vereiteln. Wenn Sie selbst der oder die zuhörende Partner*in sind, sollten Sie versuchen, sich auf die Verwundbarkeit Ihres geliebten Menschen zu konzentrieren und ihm mitzuteilen, welche Gefühle dies in Ihnen auslöst. Wenn jemand, den wir lieben, zu uns sagt, dass er uns braucht, reagieren wir normalerweise mit Anteilnahme und fürsorglichen Gefühlen.

Wenn Sie derjenige sind, der den Anderen / die Andere verletzt hat, sollten Sie ihm / ihr nun dabei helfen zu verstehen, warum Sie sich in jener kränkenden Interaktion so und nicht anders verhalten haben. Stellen Sie sich dies als einen Schritt vor, der Ihr Verhalten für Ihren Partner / Ihre Partnerin berechenbarer macht.

Können Sie als der- oder diejenige, der / die sich kränkend verhalten hat, nun anerkennen, was Ihr*e Partner*in empfunden hat? Können Sie dazu stehen, dass Sie ihm / ihr Schmerz zugefügt haben? Können Sie sich aufrichtig entschuldigen? Dies ist keine leichte Aufgabe. Es kostet Mut, zuzugeben, dass wir über unser eigenes Verhalten enttäuscht sind; es ist demütigend, zu bekennen, dass wir unsensibel oder herzlos waren. Vielleicht können wir uns nur dann entschuldigen, wenn wir es zulassen können, dass die Verletzungen und Ängste der Menschen, die wir lieben, uns wirklich zu Herzen gehen. Für unsere Liebespartner*innen ist dies ein großes Geschenk.

Können Sie als der- / diejenige, der / die verletzt wurde, die Entschuldigung annehmen? Falls Sie dazu in der Lage sind, tragen Sie zur Schaffung einer neuen Grundlage bei, auf der sich erneut Vertrauen entwickeln kann. Sie können getrost an Ihre*n Partner*in appellieren, Ihnen ein Gefühl der Sicherheit zu vermitteln, wenn Sie künftig an Ihre Verletzung erinnert werden, denn Sie wissen nun, dass Ihr*e Partner*in sich bemühen wird, feinfühlig auf Sie einzugehen. Er / sie kann Ihnen nun die Liebe schenken, die Sie während jenes verletzenden Ereignisses so schmerzlich vermissen mussten.

Fassen Sie dieses Gespräch abschließend gemeinsam mit Ihrem Partner / Ihrer Partnerin in einer kurzen Geschichte über das schmerzhafte Erlebnis und seine Auswirkungen auf Ihre Beziehung zusammen. Schreiben Sie auch auf, wie Sie beide sich davon erholt haben und was Sie künftig tun wollen, damit sich dergleichen nicht wiederholt.

Unsere Kurzgeschichte

___

___

___

___

___

___

___

___

___

___

___

___

Halten wir fest

- Wir werden diejenigen, die wir lieben, unweigerlich verletzen – entscheidend ist, wie wir damit umgehen.
- Tragfähig ist nur eine einzige Art der Entschuldigung: Sie muss auf Anerkennung, Ehrlichkeit und Zuverlässigkeit beruhen und mit dem Bemühen verbunden sein, das Verhalten nicht zu wiederholen.
- Bindungstraumata zu verstehen und zu wissen, dass man Vergebung finden und schenken kann, verleiht Ihnen die Kraft, ein starkes, dauerhaftes Band zu schmieden.

7. Gespräch Nr. 6: Durch Sex und Körperkontakt die Bindung stärken

Unsere Kultur und unzählige Beziehungsratgeber haben uns beigebracht, in der Leidenschaft weniger eine stabile Kraft als vielmehr eine vorübergehende Empfindung zu sehen. Wir haben gelernt, dass das Feuer der Leidenschaft, das zu Beginn der Liebe so hell loderte, unweigerlich herunterbrennt und unsere einst so aufregende Beziehung sich in eine eher prosaische Freundschaft verwandelt.

In Wirklichkeit gehen sichere Bindung und eine rundum befriedigende Sexualität Hand in Hand. Sie stimulieren und intensivieren sich gegenseitig. Emotionale Verbundenheit gewährleistet wunderbaren Sex, und wunderbarer Sex schafft tiefere emotionale Verbundenheit. Für emotional aufgeschlossene und responsive Partner*innen, die sich gegenseitig aufeinander einlassen können, wird der Sex zu einem intimen Spiel, einem Abenteuer, das indes keine Gefahren birgt. Sicher gebundene Partner*innen fühlen sich frei und wissen, dass sie sich der Leidenschaft in den Armen des / der Anderen hingeben, ihre sexuellen Bedürfnisse erkunden und befriedigen und ihre tieferen Freuden, Sehnsüchte und Verletzlichkeiten miteinander teilen können. So wird das „Liebemachen“ zu einem „Liebe machen“.

Warum spielt der Sex für unzufriedene Partner*innen eine dermaßen wichtige Rolle? Ganz einfach – weil sich Schwierigkeiten in der Beziehung gewöhnlich zuallererst auf den gemeinsamen Sex auswirken. Trotzdem ist er nicht das eigentliche Problem. Schlechter oder gar kein Sex gibt zu erkennen, dass den Partner*innen die Verbundenheit verloren geht und sie sich emotional in der Beziehung nicht länger geborgen fühlen. Dies hat zur Folge, dass ihr Verlangen auf der Strecke bleibt und sie den Sex als weniger befriedigend empfinden. Sie schlafen immer seltener miteinander und leiden zunehmend unter emotionalen Verletzungen. Die emotionale Verbundenheit geht mehr und mehr verloren. Kurzum: keine sichere Bindung, kein Sex; kein Sex, keine Bindung.

Die Sicherheit unserer emotionalen Verbundenheit definiert unsere Beziehung im Bett wie auch anderswo. Je nachdem, wie gut wir mit der Nähe eines anderen Menschen umgehen können und wie sicher wir uns bei ihm fühlen, verfolgen wir auch im Bett unterschiedliche Ziele. Ich bezeichne diese drei Arten der Sexualität als *Emotionsloser Sex,* als *Trostsex* und als *Synchroner Sex.*

7.1 Emotionsloser Sex

Beim emotionslosen Sex besteht das Ziel darin, sexuelle Spannung abzuführen, zum Orgasmus zu kommen und sich die eigene sexuelle Leistungsfähigkeit zu beweisen. Sex ohne Emotionen wird von Menschen praktiziert, die nie gelernt haben, anderen zu vertrauen, die sich nicht öffnen wollen oder sich im Zusammensein nicht geborgen fühlen. Für sie stehen sexuelle Lust und Potenz im Mittelpunkt. Die Bindung an eine*n Partner*in ist zweitrangig. Für eine Liebesbeziehung ist diese Art toxisch. Der Partner / die Partnerin fühlt sich nicht als Mensch geachtet und wertgeschätzt, sondern benutzt und zu einem Objekt herabgewürdigt.

7.2 Trostsex

Auslöser für Trostsex ist das Bedürfnis, sich zu vergewissern, dass man geschätzt und begehrt wird. Der Geschlechtsverkehr ist im Grunde eine Begleiterscheinung, denn das eigentliche Ziel besteht darin, die Angst vor Bindungslosigkeit oder vor dem Verlust einer sicheren Bindung zu lindern. Verglichen mit dem emotionslosen Sex sind eindeutig mehr Gefühle im Spiel, doch die ausschlaggebende, den sexuellen Tanz bestimmende Emotion ist Angst.

Trostsex findet oft statt, wenn Partner*innen sich in Teufelsdialoge verstrickt haben und ihnen der tröstende, Geborgenheit spendende Körperkontakt – unsere basale Bindungserfahrung – fehlt.

Wenn Partner*innen mir berichten, dass sie nicht mehr fürsorglich und aufmerksam miteinander umgehen, mache ich mir Sorgen. Wenn sie mir erzählen, dass sie keinen Sex mehr haben, mache ich mir große Sorgen. Wenn sie mir aber sagen, dass sie jeden Körperkontakt meiden, weiß ich, dass wir es mit gravierenden Schwierigkeiten zu tun haben.

7.3 Synchroner Sex

Synchroner Sex wird möglich, wenn emotionale Aufgeschlossenheit und Responsivität, zärtlicher Körperkontakt und gegenseitiges erotisches Erkunden zusammenkommen. Genau so sollte Sex sein, denn nur so ist er wirklich erfüllend und befriedigend, und nur so stiftet er Verbundenheit. Darüber hinaus kann auch die körperliche Intimität zu ihrer anfänglichen Glut und Kreativität zurückfinden, wenn Partner*innen sich sicher verbunden fühlen. Die Liebenden können zärtlich und verspielt miteinander umgehen und im nächsten Augenblick leidenschaftserfüllt und erotisch. Emotionale Sicherheit prägt die körperliche Synchronität und umgekehrt.

Responsivität außerhalb des Schlafzimmers setzt sich im Schlafzimmer fort. Partner*innen, die einander tief verbunden sind, können die wunden Punkte, die sie im sexuellen Bereich vielleicht haben, aber auch ihre besonderen Wünsche offenbaren, ohne sich vor Zurückweisung zu fürchten. Sicher gebundene Liebespartner*innen können entspannen, loslassen und sich der Freude am Liebesspiel hingeben. Sie können offen miteinander reden, ohne sich peinlich berührt oder abgestoßen zu fühlen angesichts dessen, was sie erregt oder was ihnen nicht gefällt.

Sicher gebundene Partner*innen können einander beruhigen und trösten und mit vereinten Kräften daran arbeiten, die unvermeidlichen sexuellen Probleme zu meistern, die in Filmen nie gezeigt werden, obwohl sie praktisch jeder schon einmal erlebt hat. Meine Erfahrung hat mich gelehrt, dass Menschen ihre Verbundenheit wiederfinden und sich stets aufs Neue ineinander verlieben können. Sie hat mich auch gelehrt, dass Erotik vor allem bedeutet, miteinander verspielt zu sein, loszulassen und sich dem Körperempfinden hinzugeben. Freilich setzt dies voraus, dass wir uns emotional sicher fühlen.

Wenn Experten die Ansicht vertreten, dass aufregender Sex lediglich in neuen Beziehungen möglich sei, muss ich unweigerlich daran denken, wie ein hochbetagtes, seit vielen Jahren verheiratetes Ehepaar, das ich kenne, argentinischen Tango tanzt. Beide sind vollkommen präsent und gehen einhundertprozentig aufeinander ein. Aus ihren Bewegungen sprechen aufreizende Zielgerichtetheit, absolute Verspieltheit und umwerfende Erotik. Sie sind dermaßen feinfühlig aufeinander abgestimmt, dass ihnen selbst bei diesem fließenden, improvisierten Tanz nie ein falscher Schritt unterläuft oder eine Drehung missglückt. Sie bewegen sich voller Anmut und Grazie, als wären sie zu einer Person verschmolzen.

CHECKPOINT: Abstinenz macht das Herz weicher

Das beste Rezept für guten Sex ist eine sichere Beziehung, in der die Partner*innen durch A. R. E.-Gespräche und liebevollen Körperkontakt emotionale Verbundenheit aufbauen können. Sogar Sexualtherapeut*innen teilen die Meinung, dass der wesentliche Baustein zu einer gesunden sexuellen Beziehung darin besteht, Lust zu bereiten, ohne Ansprüche zu stellen. Aus diesem Grund empfehle ich Paaren häufig, mehrere Wochen lang nicht miteinander zu schlafen. Wenn der Geschlechtsverkehr vorübergehend nicht erlaubt ist, wird keiner der beiden Besorgnisse oder Enttäuschungsgefühle entwickeln. Stattdessen können sie sich darauf konzentrieren, all die anderen Berührungsempfindungen zu erforschen. Wenn man lernt, es als Selbstverständlichkeit zu betrachten, den Partner/die Partnerin um eine Umarmung oder um Kuscheleinheiten zu bitten, vertieft sich die Paarbindung. Den Körper des/der Anderen besser kennenzulernen und herauszufinden, was ihm/ihr gefällt und Lust bereitet, wird zu einem wertvollen Teil der ganz speziellen „Nur-für-dich-und-nur-mit-dir"-Verbundenheit.

7.4 Sexuelle Probleme lösen

Lust und Verlangen nehmen zu und ebben wieder ab, je nachdem, was gerade geschieht, sowie je nach Jahreszeit, gesundheitlicher Verfassung und so weiter. Diese Schwankungen treffen in den meisten Menschen einen Nerv und können, sofern wir nicht offen darüber sprechen, Beziehungsprobleme verursachen und verschlimmern. Nur selten Sex zu haben, ist für viele Menschen durchaus erträglich; unerträglich aber ist das Gefühl, für den Partner/die Partnerin nicht mehr begehrenswert zu sein.

Eine Übung in Introspektion

Lesen und beantworten Sie die folgenden Fragen allein oder zusammen mit Ihrem Partner / Ihrer Partnerin.

Fühlen Sie sich im Bett mit Ihrem Partner / Ihrer Partnerin in der Regel emotional geborgen? Wodurch wird Ihnen dieses Gefühl vermittelt? Wenn Sie sich nicht geborgen und verbunden fühlen: Wie könnte Ihr*e Partner*in Ihnen helfen?

Partner*in 1:

Partner*in 2:

Welcher Sex ist für Ihre Beziehung typisch – der emotionslose Sex, der Trostsex oder der synchrone Sex? In jeder Beziehung werden gewöhnlich alle drei Formen praktiziert, doch wenn der emotionslose Sex oder der Trostsex bei Ihnen überwiegt, gibt Ihnen dies Aufschluss über Ihr Sicherheitsgefühl in der Beziehung.

Partner*in 1:

____

Partner*in 2:

____

Wie würden Sie Ihre vier wichtigsten Erwartungen an Ihr Sexualleben beschreiben? Überlegen Sie sich Ihre Antwort gründlich. Manchmal entsprechen unsere Erwartungen keineswegs dem, was uns als Erstes einfällt. Manche Klienten haben mir anvertraut, dass ihnen die Zärtlichkeiten und Liebkosungen nach dem Geschlechtsverkehr wichtiger seien als alles andere – sie haben dieses Bedürfnis aber nie Ihrem Partner / Ihrer Partnerin offenbart!

Partner*in 1:

____

____

____

____

____

____

____

Partner*in 2:

Gibt es in Ihrer Beziehung Ihrer Meinung nach genügend Zärtlichkeiten und Liebkosungen? Ein liebevolles Streicheln kann Verbundenheit, Trost oder Verlangen zum Ausdruck bringen. Wünschen Sie sich manchmal, von Ihrem Partner / Ihrer Partnerin öfter gestreichelt und in den Arm genommen zu werden?

Partner*in 1:

Partner*in 2:

ARBEITSBLATT: Erforschen Sie Ihre Wünsche

Wenn Sie eine „Kurze Anleitung für meinen Liebesmenschen“ verfassen müssten: Was würden Sie schreiben? Zu den Leitsätzen könnten Antworten auf die folgenden Fragen zählen:

Was hilft Ihnen dabei, sich emotional und körperlich auf den Sex einzulassen?

Partner*in 1:

Partner*in 2:

Was bringt Sie vor und während des Sex am meisten in Stimmung?

Partner*in 1:

Partner*in 2:

Wie lang sollten Vorspiel und Geschlechtsverkehr Ihrer Meinung nach im Idealfall dauern?

Partner*in 1:

Partner*in 2:

Welche Position bevorzugen Sie?

Partner*in 1:

Partner*in 2:

Stehen Sie auf Quickies, oder lassen Sie sich gern viel Zeit beim Liebemachen?

Partner*in 1:

Partner*in 2:

Wodurch kann Ihr*e Partner*in Ihre Leidenschaft am intensivsten stimulieren? Können Sie ihn / sie darum bitten?

Partner*in 1:

Partner*in 2:

Was macht den Sex für Sie besonders befriedigend (es muss keineswegs der Orgasmus sein oder auch überhaupt der Geschlechtsverkehr)?

Partner*in 1:

Partner*in 2:

In welchen Situationen fühlen Sie sich beim Sex ganz besonders unsicher oder unbehaglich?

Partner*in 1:

____

____

____

Partner*in 2:

____

____

____

Wann fühlen Sie sich Ihrem Partner / Ihrer Partnerin am nächsten?

Partner*in 1:

____

____

____

Partner*in 2:

____

____

____

Wenn Sie sich mit Ihrem Liebesmenschen über diese Fragen und Gedanken austauschen können, umso besser. Wenn nicht, können Sie vielleicht darüber sprechen, wie schwer es Ihnen fällt, diese Themen zu erörtern.

Eine Übung in Introspektion

Was würden Sie als Paar gern anders machen können, wenn der Sex körperlich nicht zufriedenstellend ist? Was tun Sie, wenn der Sex Sie in emotionaler Hinsicht enttäuscht? Wie kann Ihr*e Partner*in Ihnen hier helfen? Verfassen Sie gemeinsam ein Drehbuch für solche Situationen und stellen Sie sich vor, wie Sie die perfekte Szene auf die Leinwand bringen könnten. Natürlich ist nichts wirklich perfekt, aber ein Anfang ist gemacht und Sie bleiben im Gespräch!

Wenn ich im Bett perfekt wäre, würde ich ______________________________,

____

und dann könntest du dich mehr ______________________________________

____

____ fühlen.

Versuchen Sie, über einige Ihrer Antworten gemeinsam zu sprechen. Dann sagen Sie einander, in welcher Hinsicht Ihr*e Partner*in im Bett und außerhalb bereits für Sie perfekt ist.

Arbeitsblatt: Entdecken Sie Ihr Verlangen als Paar

Können Sie sich an eine Situation in Ihrer Beziehung erinnern, in der Sie Ihren Sex von Grund auf befriedigend fanden? Schildern Sie die Situation Ihrer Partnerin / Ihrem Partner möglichst detailliert. Sagen Sie einander, was Sie Neues erfahren, wenn Sie diesen Geschichten zuhören.

Partner*in 1:

____

____

____

____

____

____

Partner*in 2:

____

____

____

____

____

____

Überlegen Sie, auf welch unterschiedliche Weise der Sex in Ihrer Beziehung Ausdruck finden kann. Können Sie Sex haben, der einfach nur Spaß macht? Oder Ihnen als Möglichkeit dient, Nähe herzustellen, körperlich zu entspannen, einander in stressreichen Phasen zu unterstützen oder Ärger zu lindern? Kann der Sex die Verliebtheit wieder aufleben lassen und Ihnen als Flucht vor der Welt dienen oder als erotisches Abenteuer? Stiftet er liebevolle Verbundenheit zwischen Ihnen? Oder lässt er Ihre Leidenschaft explodieren? Fühlen Sie sich gut aufgehoben, wenn Sie all diese Facetten der Sexualität mit Ihrem geliebten Menschen erleben? Was wäre ein bestimmtes Wagnis, das Sie im Bett gern eingehen würden?

Können Sie es Ihrem Partner / Ihrer Partnerin anvertrauen und erklären, wie Sie wahrscheinlich reagieren würden, wenn die Sache schiefgeht oder wenn es gut läuft?

Partner*in 1:

Das Wagnis, das ich im Bett eingehen würde:

____

____

____

Wie ich reagieren würde, wenn es schiefgeht / wenn es gut läuft:

____

____

____

____

____

Partner*in 2:

Das Wagnis, das ich im Bett eingehen würde:

____

____

____

Wie ich reagieren würde, wenn es schiefgeht / wenn es gut läuft:

____

____

____

____

____

CHECKPOINT: Vergessen Sie die Perfektion

Es gibt keine „perfekten" Liebenden. In Anbetracht dieser Tatsache: Wie würden Sie als Liebhaber*in gerne sein und sich sehen? Können Sie mit Ihrem Partner / Ihrer Partnerin darüber sprechen?

Eine Übung in Introspektion

Wie gehen Sie mit den unvermeidlichen Situationen um, in denen Sie Liebe machen wollen und Ihr Liebesmensch nicht in Stimmung oder zu müde oder nicht erregt ist? Was sagen Sie? Diese Situation ist für die meisten von uns nicht ganz einfach. Wir taumeln am Abgrund von Zurückweisung und Kränkung. Was müsste passieren, damit Sie sich in einem so kritischen Moment dennoch geliebt und sicher verbunden fühlen? Was kann Ihr*e Partner*in dazu beitragen?

Partner*in 1:

____

____

____

____

____

____

Partner*in 2:

____

____

____

____

____

____

Halten wir fest

- Sichere emotionale Verbundenheit fördert fantastischen Sex. Fantastischer Sex vertieft die emotionale Verbundenheit.
- Sex ist intimes Spiel und gefahrloses Abenteuer.
- Berührung und Chemie schlagen die Brücke zwischen Sex und Bindung.

8. Gespräch Nr. 7: Die Liebe lebendig erhalten

Das 7. Gespräch beruht auf der Überzeugung, dass die Liebe ein kontinuierlicher Prozess des Strebens nach emotionaler Verbundenheit, ihres Verlustes und der neuerlichen Suche nach ihr ist. Das Band der Liebe ist etwas Lebendiges. Wenn wir es vernachlässigen, wird es brüchig. In einer schnelllebigen Welt wie der unseren, in der wir immer mehr Dinge gleichzeitig zu erledigen haben, ist es nicht leicht, im Hier und Jetzt präsent zu bleiben und sich um das eigene Bedürfnis nach Verbundenheit und das Bindungsbedürfnis des Partners / der Partnerin zu kümmern. Dieses abschließende Gespräch ist ein Appell, Ihre Liebe aufmerksam und umsichtig zu hegen. Augenblicke tiefer Verbundenheit *sind* stark genug, um den Zusammenhalt zweier Liebender Jahr für Jahr zu sichern. Unsere Studien zeigen, dass Paare sich die Zufriedenheit und die Glücksgefühle, die sie in den EFT-Sitzungen erleben, selbst angesichts außerordentlicher Belastungen und Herausforderungen bewahren können.

A. R. E.-Gespräche sind die Sprache der Liebe. Sie stärken Ihre Beziehung, Ihren sicheren Hafen, und fördern Ihre Flexibilität sowie Ihre Fähigkeit, neugierig zu bleiben und Ihre Liebe lebendig zu erhalten. Das 7. Gespräch dient als Landkarte, die Ihnen und Ihrer Liebe den Weg in die Zukunft weist. Es umfasst folgende Schritte:

- Rekapitulieren und Überdenken der Gefahrenpunkte in Ihrer Beziehung, an denen Sie in Verunsicherung abgleiten und sich in Teufelsdialoge verstricken. Diese Reflexion ermöglicht es Ihnen, Umwege und Abkürzungen zu erkennen, die Sie in die sichere Verbundenheit zurückführen.
- Würdigen der großen und kleinen positiven Momente. Das heißt zunächst einmal, über die Momente in Ihrem Alltag nachzudenken, die Ihrer Aufgeschlossenheit und Responsivität zuträglich sind und Ihr Verständnis der positiven Einflüsse, die Sie aufeinander ausüben, verbessern; und zweitens, die Wendepunkte in Ihrer jüngeren Beziehungsgeschichte zu benennen, an denen Ihre Liebe eine Vertiefung erfuhr.
- Rituale für die Momente der Trennung und Wiedervereinigung im Alltag planen, durch die Sie Ihre Bindung anerkennen und wechselseitigen Beistand und Responsivität zum Ausdruck bringen. Diese Rituale dienen als Möglichkeit, Ihre Beziehung in einer Welt voller Ablenkungen und Chaos zu schützen.

- Einander helfen, die Bindungsaspekte zu identifizieren, die in wiederkehrenden Meinungsverschiedenheiten und Streitigkeiten enthalten sind, und gemeinsam zu entscheiden, wie sie sich entschärfen lassen, damit Sie ganz gezielt an der Schaffung emotionaler Sicherheit und gegenseitigen Vertrauens arbeiten können. Auf diese Weise können Sie Probleme lösen, ohne dabei durch schwierige Bindungsaspekte beeinträchtigt zu werden. Ebendies bezeichne ich als „Sicherheit-zuerst-Strategie". Sobald Sie sich Ihrer emotionalen Sicherheit vergewissert haben, kann ein*e Partner*in ein Problem auf ruhige, weniger aggressive Weise ansprechen, während der / die Andere emotional präsent bleibt, selbst wenn er / sie mit der vorgetragenen Sichtweise nicht einverstanden ist.
- Die „Geschichte einer resilienten Beziehung" ausarbeiten. In dieser Geschichte beschreiben Sie, wie Sie beide gemeinsam Ihre Liebesbande geknüpft haben und weiterhin knüpfen. Die Geschichte handelt auch von Konflikten und ihrer Lösung sowie von Distanz und ihrer Überwindung. Sie berichtet, wie Sie gelernt haben, Brüche zu kitten, sich wiederzufinden und Verletzungen zu vergeben. Die Geschichte berichtet, wie Sie beide sich stets aufs Neue ineinander verlieben.
- Eine „Geschichte über die Zukunft der Liebe" ausarbeiten. Diese Geschichte handelt davon, wie Ihre Bindungsbeziehung nach Ihrer Vorstellung in fünf oder zehn Jahren aussehen sollte und wie Ihr*e Partner*in Ihnen dabei helfen könnte, die Vision Wirklichkeit werden zu lassen.

Eine Übung in Introspektion

Warum neigen wir dazu, uns auf negative Dinge in unserem Leben zu konzentrieren, statt die Gewinne und Erfolge, und seien sie noch so klein, angemessen zu würdigen? Wahrscheinlich ist Ihnen dieses Phänomen schon einmal begegnet. Sie haben die unerfreuliche E-Mail, die Ihnen eine Kollegin geschickt hat, nicht mehr aus dem Kopf bekommen und darüber vollständig vergessen, dass man Sie auf der gestrigen Tagung gefeiert hat. Dass Ihr Kind zu spät nach Hause gekommen ist, drängt die guten Nachrichten aus der Uni in den Hintergrund. Sie fühlen sich als Versager, weil Sie den Großteil Ihrer 5-km-Strecke gegangen statt gejoggt sind, statt sich darüber zu freuen, dass Sie es aus dem Bett geschafft und das Rennen angetreten haben! Das Gleiche passiert in unseren Beziehungen – wir ziehen unsere Aufmerksamkeit von den guten und liebevollen Aspekten ab und beißen uns daran fest, dass eine Kleinigkeit schiefgegangen ist. Wir sagen unserem Liebesmenschen nicht, dass er uns mit einem spontanen Wort oder einer Geste berührt und das Gefühl der Zugehörigkeit in uns weckt. Diese A.R.E.-Momente geben uns Gelegenheit, Verhaltensweisen zu betonen, die uns verbinden und die sichere Bindung stärken. In dieser Übung geht es um die Würdigung kleiner Momente der Verbundenheit.

Erinnern Sie sich an die Wendepunkte, an denen die Liebe plötzlich in den Brennpunkt rückte. Können Sie sich an eine Situation in Ihrer letzten Auseinandersetzung, vielleicht sogar in einem Teufelsdialog, erinnern, in der Ihr*e Partner*in Ihnen durch eine körperliche Geste sein Mitgefühl signalisiert hat? Zum Beispiel, indem er Ihre Hand ergriff, Ihnen ein Taschentuch reichte, ein Glas Wasser anbot?

Partner*in 1:

Partner*in 2:

Hat Ihr*e Partner*in in einem Teufelsdialog mitfühlende Worte gesprochen und Ihnen dadurch gezeigt, dass sie / er Ihnen aktiv zuhört? Zum Beispiel Formulierungen wie: „Ich glaube, ich verstehe, was du meinst", oder: „Du musst dich übergangen fühlen, wenn ich dich während einer Geschäftsreise nicht anrufe", oder „Ich verstehe, dass es dich kränkt."

Partner*in 1:

Partner*in 2:

Können Sie einige für Ihre*n Partner*in typische Handlungen oder Worte nennen, die Sie Ihrer Meinung nach anerkennen und wertschätzen sollten? Etwas, was er / sie sagt oder tut und das zu seinem / ihrem inneren Wesen gehört und Sie in Ihrer Liebe verankert? Denken Sie an Verhaltensweisen zurück, die habituell sind und sogar mitten in einem Teufelsdialog oder in einer schlechten Phase nicht verlorengehen. Sie können solche Verhaltens- oder Ausdrucksweisen würdigen, weil Sie einen Moment der Verbundenheit stiften können. Erledigt Ihr*e Partner*in beispielsweise Hausarbeiten, die Sie für selbstverständlich halten? Es ist für ihn / sie ganz natürlich, immer eine warme Mahlzeit bereitzuhalten oder dafür zu sorgen, dass die Reifen vor einer Reise mit Luft gefüllt sind, auch wenn Sie beide verärgert sind?

Partner*in 1:

Partner*in 2:

ARBEITSBLATT: Rituale schaffen

Rituale sind ein wichtiger Bestandteil des Zusammengehörigkeitsgefühls. Diese Zeremonien, die wir ganz bewusst regelmäßig praktizieren, sollen einer besonderen Situation oder einer besonderen Verbindung Anerkennung zollen. Rituale fordern unsere emotionale und körperliche Präsenz ein und bewirken so, dass wir uns dem Gegenwartsmoment auf positive Weise hingeben können. Unsere Kinder lernen dies schon sehr früh, wenn wir ihnen einen Kuss zum Abschied geben und sie mit einer Umarmung begrüßen, wenn sie zu uns zurückkehren. Warum sollten wir der Beziehung zu unserem Liebesmenschen nicht die gleiche Anerkennung zollen? Regelmäßige kleine Gesten, die signalisieren: „Du bist für mich wichtig", tragen erheblich zur Sicherheit und Stabilität einer Beziehung bei. Können Sie einander helfen, Ihre eigenen Bindungsrituale zu entwickeln, mit denen Sie Begegnungs- und Trennungsmomente oder Zeiten besonderer Zusammengehörigkeit anerkennen?

Füllen Sie die Lücken aus, um sich an die Dinge zu erinnern, mit denen Sie Begegnungen und Trennungen vor allem in den frühen Phasen Ihrer Werbung oder Beziehung hervorgehoben haben.

Ich erinnere mich daran, dass du mir bei unseren ersten Dates das Gefühl gabst, wichtig zu sein, wenn du mich begrüßtest *(z. B. sah ich dir deine Aufregung an, wenn du mich erblicktest, du brachtest mich zum Lachen, wenn wir „hallo" sagten, und machtest mir Komplimente für mein Aussehen).*

Partner*in 1:

____

____

____

____

Partner*in 2:

____

____

____

____

Wenn ich von der Arbeit heimkam, hast du mich wahrgenommen, indem du *(mir zum Beispiel die Haustür geöffnet hast, aus deinem Zimmer gekommen bist, um mich zu begrüßen, oder mir aus dem Hof zugerufen hast: „Hallo, ich bin hier.")*

Partner*in 1:

Partner*in 2:

Bevor du aufgestanden bist, hast du mich immer *(z. B. auf die Wangen geküsst, „Tschüss" geflüstert, mich kurz umarmt).*

Partner*in 1:

Partner*in 2:

Bevor du auf eine Geschäftsreise gingst, hast du mir immer *(z. B. eine kurze Notiz hinterlassen und gesagt, dass ich dir fehle; mich tagsüber angerufen und mir gesagt, wie gern du bei mir wärest).*

Partner*in 1:

____

____

____

____

Partner*in 2:

____

____

____

____

Nachdem Sie sich nun an Ihre liebevollen Rituale erinnert haben, schauen Sie, ob Sie sich auf einige der folgenden Vorschläge einigen können, um Momente der Verbundenheit zu schaffen oder wiederherzustellen. Ein Paar berichtete mir, das sie eine Kerze anzuzünden pflegten, bevor sie zu Bett gingen. Die Kerze signalisierte „Verbindungszeit“ oder „Herz-zu-Herz-Zeit“. Zu dieser Zeit des Abends wussten sie, dass sie einander halten und ihre weichen Gefühle miteinander teilen konnten – vor allem in Zeiten, in denen sie einander nahe waren oder ihre Verbundenheit verloren hatten. Ein anderes Paar verbrachte nach dem Abendessen, vor allem freitags, vierzig Minuten damit, über die ausgehende Woche zu sprechen, über die Höhen und Tiefen, die sie erlebt hatten. Ganz bewusst versuchten sie, einander zu unterstützen und zu bestätigen und ihre tiefen Gefühle zu erforschen.

Jede*r Partner*in kann die Vorschläge, die ihm/ihr gefallen, ankreuzen. Zwei Kreuzchen signalisieren Übereinstimmung. Oder Sie lassen sich von den Vorschlägen einfach inspirieren, gemeinsam Ihre eigenen Rituale zu entwickeln.

- ☐ Regelmäßiges In-den-Arm-Nehmen und Küssen beim Aufwachen, Schlafengehen, beim Verlassen des Hauses und bei der Heimkehr.
- ☐ Das Hinterlassen von Briefchen und kurzen Nachrichten, vor allem wenn man fortgeht oder wenn man in der Beziehung gerade erst eine Phase der Distanziertheit überwunden hat.
- ☐ Spirituelle oder andere Rituale, zum Beispiel besondere Familienessen, das gemeinsame Herrichten des Gartens im Frühjahr und Herbst, gemeinsames Beten oder gemeinsame Teilnahme an religiösen Veranstaltungen.
- ☐ Entwicklung eines persönlichen Rituals, das nicht der Problemlösung oder praktischen Belangen, sondern dem Austausch über persönliche Angelegenheiten und der Förderung des Verbundenheitsgefühls dient.
- ☐ Vereinbarung einer bestimmten Zeit, die der Zweisamkeit vorbehalten bleibt *(zum Beispiel ein gemeinsames Frühstück am Sonntagmorgen im Bett ohne die Kinder oder die Umstellung des Tagesplans, damit man täglich zusammen frühstücken, spazieren gehen oder joggen kann).*
- ☐ Vereinbarung eines regelmäßigen Ausgehabends, selbst wenn dies nur einmal im Monat möglich ist.
- ☐ Gemeinsame Teilnahme an einem Kurs, in dem man zusammen etwas Neues lernt oder an einem Projekt arbeitet – mindestens einmal im Jahr.
- ☐ Auf die täglichen Kämpfe und Erfolge Ihres Partners/Ihrer Partnerin eingehen und sie regelmäßig würdigen, zum Beispiel mit kleinen Bemerkungen wie: *„Das war schwer für dich, aber du hast es geschafft", oder: „Du hast so hart an diesem Projekt gearbeitet, niemand hätte mehr geben können."*
- ☐ Gelegenheiten nutzen, um den Partner/die Partnerin und die Beziehung öffentlich zu würdigen *(zum Beispiel in Form einer Zeremonie, etwa einer Erneuerung des Eheversprechens. Auch ein einfaches „Dankeschön" im Freundeskreis, wenn Ihr*e Partner*in ein wunderbares Essen zubereitet oder Ihnen geholfen hat, ein bestimmtes Ziel zu erreichen).*

Unsere gemeinsamen Ideen für Rituale des Abschieds und des Wiedersehens:

Abschied:

____

____

____

____

Wiedersehen:

____

____

____

____

CHECKPOINT: Sicherheit hat Vorrang

Damit Ihre Liebe keinen Schaden nimmt, ist es von größter Bedeutung, dass Sie Beziehungsprobleme konsequent von praktischen Schwierigkeiten, die sich mehr oder weniger einfach beheben lassen, trennen. Paare mit EFT-Erfahrung haben gelernt, auch die alltäglichen Schwierigkeiten, die ihre Beziehung belasten, sehr rasch zu bewältigen. Sie verhalten sich kooperativ, aufgeschlossen und flexibel. Warum? Weil banale Schwierigkeiten nun tatsächlich nicht mehr sind als banale Schwierigkeiten. Sie müssen nicht länger als Leinwand herhalten, auf die beide Partner*innen ihre Ängste vor Bindungsverlust und ihre unbefriedigten Bedürfnisse projizieren.

Sind Ihnen die praktischen Probleme, die in Ihrer Beziehung immer wieder auftauchen, bewusst? Können Sie identifizieren, wie Sie Ihre wiedergefundene engagierte Verbundenheit womöglich gefährden könnten? Spüren Sie, ob eine dieser Schwierigkeiten nach wie vor Angst auslöst? Ich ermutige Paare, sich bei Ihrer Zukunftsplanung auch mit einer ständigen Frustration auseinanderzusetzen, zum Beispiel mit dem unerfüllten Wunsch, dass Ihr*e Partner*in sich mehr mit den Kindern beschäftigen oder Sie stärker in seine sozialen Aktivitäten einbeziehen möge. Führen Sie ein A. R. E.-Gespräch über das Problem, sprechen Sie über Ihre Bindungsbedürfnisse und über Ihre Ängste vor dem Verlust der Verbundenheit, die durch dieses Thema geweckt werden.

ARBEITSBLATT: Die Geschichte einer resilienten Beziehung entwickeln

Narrative helfen uns, unser Leben besser zu verstehen. Diese Geschichten dienen uns als Modelle, an denen wir uns künftig orientieren. Wir prägen den Geschichten unseren Stempel auf und werden dann wiederum von den Geschichten geprägt. Sobald Partner*innen sich miteinander sicher fühlen, können sie ein klares Narrativ ihrer Beziehung formulieren und sich dabei auch überlegen, wie sie Momente oder Phasen der Unverbundenheit künftig reparieren und das gemeinsame Band stärken werden. Auf diese Weise verfassen sie nicht nur eine bedeutungsstiftende Geschichte ihrer Vergangenheit, sondern entwerfen gleichzeitig eine Blaupause für die Zukunft.

Das Narrativ Ihrer resilienten Beziehung sollte auch thematisieren, wie Sie beide sich in einen Zustand der Unsicherheit hineinmanövriert und dann Möglichkeiten gefunden haben, sich gemeinsam aus diesen Fallstricken zu befreien. Beim Schreiben Ihrer Geschichte werden Sie über Ihre Beziehung nachdenken. Es ist nicht ungewöhnlich, dass Partner*innen, die ihre EFT-Reise noch nicht angetreten haben, ganz unterschiedliche Versionen ihrer Beziehung niederschreiben, so als hätten sie in zwei unterschiedlichen Ehen gelebt. Nun aber werden Sie schlüssig und folgerichtig beschreiben können, wie Ihre Probleme sich entwickelt und wie Sie Ihre Ehe gerettet haben.

Bevor Sie mit dem Schreiben beginnen, schauen Sie sich die folgenden Stichworte an, die Ihnen helfen, die einzelnen Aspekte zu formulieren.

Drei Adjektive oder Bilder, die Ihre Beziehung zu der Zeit beschreiben, in der Unsicherheit vorherrschte und Sie sich in Teufelskreise verstrickten (zum Beispiel: *Sackgasse, erschöpft, Minenfeld*).

____

____

____

Zwei Verben, die erfassen, wie Sie beide sich in Ihrem negativen Tanz bewegten und wie es Ihnen schließlich gelang, das Muster zu verändern. *(Zum Beispiel: Ich habe dich bedrängt, du hast dich abgewendet. Aber wir haben gelernt, über unsere Angst zu sprechen und aufeinander zuzugehen.)*

____

____

____

Einen Schlüsselmoment, in dem Sie einander mit anderen Augen sahen, neue Gefühle empfanden und sich die Hand reichen konnten. *(Zum Beispiel: Ich erinnere mich an den Samstagnachmittag, als ich wegging. Bei meiner Rückkehr saßest du weinend im Wohnzimmer. Dieser Anblick ging mir zu Herzen. Ich sah dich an und fühlte deine Traurigkeit mit. Dann bin ich zu dir gegangen und habe dir gesagt, dass ich mir unsere Nähe zurückwünsche und dass ich deine Hilfe brauche. Wir mussten uns gegenseitig dabei helfen, die Distanz zu überwinden.)*

Drei Adjektive, Emotionen oder Bilder, die den gegenwärtigen Zustand Ihrer Beziehung treffend beschreiben. *(Zum Beispiel: verspielt, zufrieden, überglücklich, selig, Hand in Hand.)*

Etwas, das Sie gemeinsam tun, um Ihre Verbundenheit zu erhalten und zu vertiefen. *(Zum Beispiel: Kuscheln vor dem Einschlafen, Küssen beim Aufwachen.)*

Schreiben Sie nun Ihr Narrativ auf. Vergessen Sie nicht, ihm einen fantastischen Titel zu geben!

Titel:

CHECKPOINT: An positiven Veränderungen festhalten

Wenn man neue Formen der Verbundenheit mit seinem Partner/seiner Partnerin entwickelt, ist es sinnvoll, die neuen Emotionen, Wahrnehmungen und Reaktionen in ein Narrativ zu integrieren, das all diesen Veränderungen Rechnung trägt. Die „Geschichte einer resilienten Beziehung" dient als Möglichkeit, stringent über das Drama der eigenen Beziehung nachzudenken – ein Drama, das sich unablässig fort- und fortspinnt. Nicht wenige Paare haben mir berichtet, dass es ihnen auf diese Weise leichter fällt, an den einmal eingeleiteten positiven Veränderungen auch dauerhaft festzuhalten. Die Geschichte dient ihnen als Modell ihrer Beziehung als sicherer Hafen, den sie zusammen erbaut haben und stets aufs Neue erbauen können.

ARBEITSBLATT: Eine Geschichte über die Zukunft der Liebe verfassen

Nun bitte ich die Partner*innen, sich eine Geschichte über die Zukunft ihrer Liebe auszudenken. Je mehr Sicherheit unser Beziehungshafen uns vermittelt, desto selbstbewusster, durchsetzungsfähiger und abenteuerlustiger können wir auftreten. Mit unserem Liebesmenschen an unserer Seite trauen wir uns mehr zu. Wir können Träume zulassen, die zu träumen wir früher nicht den Mut hatten. In dieser Geschichte schildern die Partner*innen, wie sie sich ihre künftige Beziehung vorstellen. Sie bitten einander um Hilfe und überlegen, wie sie ihren Traum verwirklichen können. Lesen Sie die folgenden Fragen, die Ihnen den Anfang erleichtern.

Wie sehen Ihre persönlichen Träume fürs nächste Jahr aus? Für die nächsten fünf Jahre?

Partner*in 1:

Ein Jahr ______________________________

____

Fünf Jahre ______________________________

____

Partner*in 2:

Ein Jahr ______________________________

____

Fünf Jahre ______________________________

____

Wie stellen Sie sich Ihre künftige Beziehung vor? (Zum Beispiel: mit besserem Sex oder Bewahrung der gemeinsam entwickelten Rituale.)

Partner*in 1:

____

____

Partner*in 2:

____

____

Wenn Sie später einmal sehr alt sind – was möchten Sie Ihren Nachkommen hinterlassen? Was möchten Sie Ihren Enkeln über Ihre Beziehung erzählen können? Oder welche Fotos oder anderen Dinge sollten Ihre Freunde von Ihnen behalten? Was repräsentieren oder zeigen diese Dinge?

Partner*in 1:

____

____

Partner*in 2:

____

____

Nun schreiben Sie Ihre Geschichte auf. Denken Sie sich einen schönen Titel aus!

Titel:

Halten wir fest

- Sowohl das Rekapitulieren entscheidender Momente als auch die Rituale und das Verfassen eines Narrativs erfüllen die Funktion, Paare zu ermutigen, ihrer Beziehung kontinuierlich Aufmerksamkeit zu widmen.
- Eine starke und dauerhafte Liebesbeziehung ist unserer emotionalen und geistigen Weiterentwicklung zuträglich. Wir müssen nicht reich oder überaus klug oder witzig sein – wir müssen lediglich in jeder Hinsicht „da sein".
- Wenn uns dies gelingt, wird unsere Liebe nicht nur überdauern, sondern auch stets aufs Neue erblühen.

Herzlichen Glückwunsch! Sie haben soeben einen großen Schritt auf ihrer gemeinsamen Reise als Paar getan. Besuchen Sie ↗ https://drsuejohnson.com, um sich Videos, Artikel und Online-Kurse anzusehen und sich darüber zu informieren, wie EFT Ihre Beziehung verbessern kann. Ich lade Sie auch ein, meinen monatlichen Newsletter zu abonnieren oder mich auf Social Media zu besuchen.

Mögen Sie einander weiterhin in lebenslanger Liebe festhalten!

Weiterführende Materialien

Bücher

JOHNSON, S. (2019): *Halt mich fest. Sieben Gespräche über lebenslange Liebe.* (2., überarbeitete Auflage). Übers. von E. Vorspohl. Paderborn: Junfermann.

JOHNSON, S. (2017): *Liebe macht Sinn. Revolutionäre neue Erkenntnisse über das, was Paare zusammenhält.* Übers. von H. Zeltner. München: btb.

Online-Seminar

Hold Me Tight* Online – ↗ http://www.holdmetightonline.com

Seminare deutschsprachiger EFT-Trainer:innen

↗ https://www.holdmetight.de

Webseite der EFT-Community Deutschland mit Therapeut:innenverzeichnis

↗ https://www.eftcd.de

EFT-Info-Plattform für Paare

↗ https://www.lovie.de

Weitere Infos auf ↗ https://drsuejohnson.com

Index

Sue Johnson
Halt mich fest
Sieben Gespräche über lebenslange Liebe
2., überarbeitete Auflage
REIHE AKTIVE LEBENSGESTALTUNG • Emotionsfokussierte Therapie
Junfermann

Susan M. Johnson
Praxis der Emotionsfokussierten Paartherapie
Verbindungen herstellen

Susan M. Johnson
Bindungstheorie in der Praxis
Emotionsfokussierte Therapie mit Einzelnen, Paaren und Familien

James L. Furrow, Gail Palmer, Susan M. Johnson, George Faller & Lisa Palmer-Olsen
Emotionsfokussierte Familientherapie

Mit negativen Emotionen umgehen lernen

V. Kallos-Lilly & J. Fitzgerald

Wir beide

Das Arbeitsbuch zur Emotionsfokussierten Paartherapie

In der Emotionsfokussierten Therapie (EFT) geht es darum, die eigenen Gefühle und Bedürfnisse zu erkennen und dem Partner oder der Partnerin angemessen zu vermitteln.

Die Autorinnen stellen in dieser zweiten, überarbeiteten und erweiterten Auflage des Arbeitsbuches das Prinzip der EFT vor und zeigen Möglichkeiten auf, wie Paare mit ihr arbeiten können. Fallbeispiele (auch aus dem LGBTTQIA+-Spektrum) sowie Impulse zur Selbstreflexion machen die Theorie greifbarer und lebendiger.

320 Seiten, kart., E-Book inside • € (D) 34,00 • ISBN 978-3-7495-0501-2
Auch als E-Book erhältlich.

Veronica Kallos-Lilly, PhD, ist Leiterin des Vancouver Couple & Family Instituts und des Vancouver Centre für EFT-Ausbildung in British Columbia, Kanada. Zudem arbeitet sie als EFT-Supervisorin und -Trainerin.

Jennifer Fitzgerald, PhD, ist klinische Psychologin in eigener Praxis und Dozentin an der Universität von Queensland in Brisbane, Australien. Sie arbeitet als EFT-Supervisorin und -Trainerin.

Weitere erfolgreiche Titel:

Brücken bauen
ISBN 978-3-7495-0431-2

Die Partnerschule
ISBN 978-3-7495-0269-1

Liebe leben Tag für Tag
ISBN 978-3-95571-769-8

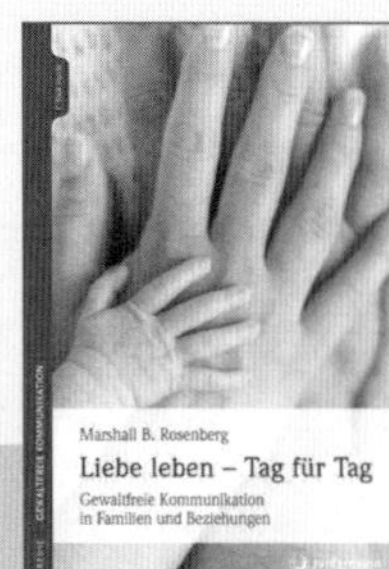

www.junfermann.de